Wolfgang Dähnhard

Weinwanderungen im Burgenland

Wolfgang Dähnhard

Weinwanderungen im Burgenland

Neusiedler See · Neusiedler See-Hügelland
Mittelburgenland · Südburgenland

NP
BUCHVERLAG

Die Deutsche Bibliothek - CIP-Einheitsaufnahme

Dähnhard, Wolfgang:
Weinwanderungen im Burgenland : Neusiedler See, Neusiedler See-Hügelland, Mittelburgenland, Südburgenland / Wolfgang Dähnhard. - St. Pölten : NP-Buchverl., 2001
ISBN 3-85326-169-8

Wir danken der Österreichischen Weinmarketing Serviceges.m.b.H. für die freundliche Unterstützung.

NP BUCHVERLAG
Niederösterreichisches Pressehaus
St. Pölten - Wien - Linz

verlag@np-buch.at
www.np-buch.at

Fotos: ÖWM - CD 35, 106, 112, 115; - Elisabeth Kessler 130; Burgenland Tourismus - Lammerhuber 28, 47, 49, 53, 66, 72, 79, 81, 97, 122, 138, 148; - Popp & Hackner 10, 56, 92, 119; - Sabine Jellasitz 107; - Manninger 145; Franz Baldauf 94; alle restlichen Fotos Wolfgang Dähnhard.

Karten: © 1:50.000 Vorlagen BEV - 2001, Vervielfältigt mit Genehmigung des BEV - Bundesamtes für Eich- und Vermessungswesen in Wien, Zl. 39714/01

Kartenbearbeitung © *arbeitsgemeinschaft* **kartographie**
Hummelbergstraße 3, 3151 St. Georgen am Steinfelde

Gestaltung: Kurt Hamtil, verlagsbüro wien
Herstellung: Niederösterreichisches Pressehaus
Druck- und Verlagsges.m.b.H.
Gutenbergstraße 12, 3100 St. Pölten

Inhalt

Vorwort

Dieses Buch stellt die interessantesten Weinrouten und besten Weingüter der Weinbaugebiete Neusiedler See, Neusiedler See-Hügelland, Mittelburgenland und Südburgenland vor. Große Weine werden hauptsächlich dort produziert, wo das Wissen, die Erfahrung der Winzer und die natürlichen Voraussetzungen zu einer optimalen Einheit finden und damit Qualitätstandards setzen. Für den Naturbetrachter sind auch die Weingärten dort am schönsten, wo auf Qualität geachtet wird.

Anhand der Karten sind die Rieden schnell auffindbar, dem Wanderer bieten sie Orientierungshilfe. Der kulinarische Genießer findet Orte, an denen er sich wohl fühlt: sei es beim einfachen Heurigen, sei es im gediegenen Restaurant oder beim Winzer. Zahlreiche Kulturtips vervollständigen den hohen Nutzwert diese Buches.

Einige Anmerkungen zur Benützung:

- Die Anreiserouten zu unseren Zielen sind so beschrieben, wie wir sie wählen würden; gleichzeitig sind sie auch Anregungen, das Weinbaugebiet selbst zu entdecken.
- Die Auswahl der Restaurants und Übernachtungsmöglichkeiten ist subjektiv und erhebt keinen Anspruch auf Vollständigkeit.
- Wenn bei der Beschreibung eines Weinguts ein Heuriger erwähnt wird, werden üblicherweise (fast) alle Bouteillenweine glasweise ausgeschenkt.
- Öffnungszeiten und Ruhetage wechseln oft; ein Anruf hilft weiter.
- Die Weinbauregionen sind beliebte Ausflugsziele; frühzeitige Reservierung von Zimmern und Restaurants ist ratsam.
- Im Winter sind einige Betriebe und Museen geschlossen; auch hier hilft ein kurzer Anruf.

Zeichenerklärung Riedenkarten

Schnellstraße
Bundesstraße
Hauptstraße
Sonstige Straße
Fahrweg/Feldweg
Fußweg
Eisenbahn
Gewässer
Kirche, Kapelle
Wegkreuz, Marterl/Bildstock
Ruine, Schloß
Denkmal
Bebauung
Wald
Weinanbaufläche
beschriebene Weinwanderung

Weinland Burgenland

Das Burgenland ist das jüngste und am weitesten im Osten gelegene österreichische Bundesland: bis 1921 ein Teil Westungarns, gehört es nach einem Plebiszit seit damals zu Österreich. Der Name Burgenland leitet sich von den Namensendungen der vier ungarischen Komitate, den königlichen Burgbezirken Ödenburg (Sopron), Wieselburg (Mosonmagyaróvár), Eisenburg (Vasvár) und Preßburg (Bratislava) ab, die nicht im Burgenland liegen. Eine bedeutende Römerstraße führte über Savaria (Steinamanger) bis Carnuntum bei Deutsch Altenburg in Niederösterreich. Im „urgeschichtlichen" Sinn handelte es sich um einen Teil der „Bernsteinstraße", entlang an Orten wie Eisenberg, Rechnitz, Lutzmannsburg, Güns, Neckenmarkt, Deutschkreutz, Ödenburg, und das Gebiet am Westufer des Neusiedler Sees. Der Weinanbau kann in dieser Gegend auf eine weit zurückgreifende Tradition blicken. Nach 1921

wuchsen aber die Rebflächen dermaßen, daß 1936 ein Auspflanzverbot in Kraft trat, das nach dem Zweiten Weltkrieg wieder aufgehoben wurde.
Im Burgenland ist der Anteil von Protestanten an der Bevölkerung im Gegensatz zu den anderen Bundesländern Österreichs relativ hoch; in Rust etwa sind 50 Prozent der Bewohner evangelisch, früher war dieser Prozentsatz noch höher. Hier wie in vielen anderen Orten des Burgenlandes gibt es zwei Kirchen - je eine evangelische und eine katholische. Fast verschwunden sind hingegen die Synagogen; Juden, Roma und Sinti wurden zwischen 1938 und 1945 fast alle ermordet oder deportiert. Ein geringer Bevölkerungsanteil besteht aus Kroaten und Magyaren, die alle ihre eigene Sprache und Kultur pflegen und einen wichtigen Bestandteil im Selbstverständnis des Burgenlandes darstellen.
Mit Ausnahme der Orte um den Neusiedler See, wo Massentourismus vorherrscht, und einiger attraktiver Kulturfestivals ist das

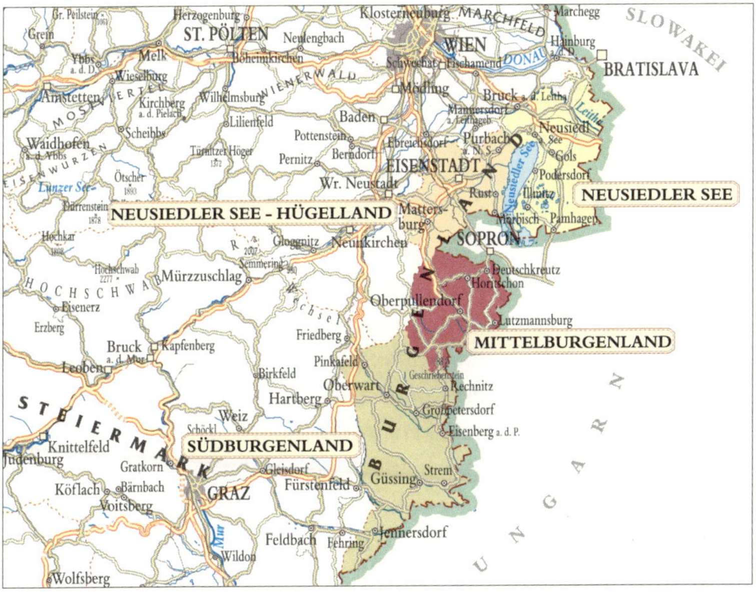

Burgenland kein Fremdenverkehrsgebiet im herkömmlichen Verständnis. Die Renovierung der zahlreichen Burgen und die Erschließung von Thermalquellen entlang einer Bruchlinie, an der auch Mineralwässer zutage treten, wie etwa in Deutschkreutz, Kobersdorf, Bad Tatzmannsdorf und Güssing, sollen die Reiselust in diese Region ankurbeln, die allgemein nicht als wohlhabend zu bezeichnen ist. Viele Menschen pendeln täglich oder wöchentlich zur Arbeit nach Wien. Andererseits schreitet, aufgrund von EU-Zuschüssen, die Industrialisierung voran. Seit die Fahrt durch das ehemalige Jugoslawien nach Griechenland kaum mehr möglich ist, führt eine Hauptreiseroute für Balkanreisende auf der A 4 durch das Burgenland Richtung Ungarn.

Von süßen Weinen

Die wichtigsten Traubensorten für hohe Prädikatsstufen in Österreich sind der Welschriesling, weiters Furmint, Bouvier, Sämling 88 (Scheurebe), Traminer, Muskateller, Sauvignon blanc, Muskat-Ottonel, Grauburgunder und Müller-Thurgau. Nicht zu vernachlässigen die Sorten Zierfandler und Rotgipfler aus der Thermenregion. Der Rote Veltliner aus dem Wagram in Niederösterreich und der Riesling aus der Wachau können als Raritäten unter den Raritäten gesehen werden, gemessen an der Quantität.
Nicht nur die Menschen bevorzugen die süßen Beeren, sondern auch Fasane und vor allem die Stare, die allein im Burgenland einen Verlust von cirka 40 bis 60 Millionen Schilling verursachen und so manche BA (Beerenauslese) oder TBA (Trockenbeerenauslese) verhindern! Also, nicht erschrecken, wenn Sie sich ab September in den burgenländischen Weingärten aufhalten und hin und wieder Böllerschüsse wahrnehmen. Diese dienen zur Abwehr der Stare. Mitunter dienen Netze, die über die Reben gespannt sind, der Starenabwehr.
Bei der Bewertung eines Weines ist auch die Frage nach der

Traubenschutz vor Vogelfraß

geschmacklichen Ausrichtung entscheidend: In Frankreich, England und Amerika werden in der Regel kräftige Weißweine ohne spürbare Säure bevorzugt. In Österreich ist es umgekehrt. Die Erwartungshaltung an hohe Prädikatsweine ist unterschiedlich. Die einen suchen die Finesse - mineralische, fruchtige Töne -, andere die Opulenz - mehr Restzucker oder Oxidation.

Weiße Qualitätsrebsorten

Bouvier

Diese frühreifende Sorte, die auch als Tafeltraube geeignet ist, wurde vom Weingutsbesitzer Clothar Bouvier gegen Ende des 19. Jahrhunderts in Bad Radkersburg (Steiermark) gezüchtet. Sie ist heute überwiegend im Burgenland ausgepflanzt und ergibt im unteren Kabinettbereich leicht fruchtige, aber säurearme Weine mit Muskataromen. Für höhere Prädikatsweine ist sie gut geeignet.

Chardonnay

Der Chardonnay wurde in Österreich lange Zeit - gesetzlich bis 1993 - mit dem Weißen Burgunder gleichgesetzt und ist in den letzten Jahren modisch geworden; nur etwa 1 Prozent der Rebfläche Österreichs ist damit bepflanzt. In den sechziger Jahren wurden aus Frankreich importierte Edelreiser vom Chardonnay, der als Rebsorte noch nicht anerkannt war, als Weißburgunder verkauft. Daher gibt es im Burgenland auch ältere Chardonnay-Lagen.

Furmint, Gelber

Er wurde früher in Rust „Zapferter" genannt. Die Herkunft ist nicht genau geklärt. Für den bekanntesten Wein Ungarns, den Tokajer, ist der Furmint ein wesentlicher Bestandteil. Derzeit findet man die Sorte außerhalb Ungarns in Kroatien und in Österreich am Neusiedler See, vornehmlich in Rust, wo er - neben dem Gelben Muskateller - die traditionelle Sorte für den Ausbruch ist.

Müller-Thurgau (Riesling-Sylvaner)

Der Müller-Thurgau ergibt üblicherweise niveaulose Massenweine (speziell im Burgenland), aber bei reduziertem Ertrag auch rieslingähnliche Weine, die vor allem im Aroma eine typische Pfirsichnote haben. Im höheren Kabinett- und Prädikatsbereich (Eiswein) ist eine längere Lagerung gut möglich.

Muskateller, Gelber

Dies ist eine sehr alte Sorte und wurde um 1400 in Dürnstein (Wachau) urkundlich erwähnt. Heute ist das wichtigste Anbaugebiet die Südsteiermark, woher sehr fruchtige Weine mit einer deutlich traubigen Note kommen, die manchmal über ein erstaunliches Lagerungspotential verfügen. Aber auch in der Südoststeiermark, der Wachau sowie im Burgenland, besonders in Rust, findet man ihn noch. Dort wird er gelegentlich nach einer alten Bezeichnung Muskat-Lunel genannt und traditionell für Ausbruch verwendet.

Muskat-Ottonel

Der Name Ottonel leitet sich vermutlich vom Gelben Muskateller aus Lunel (Frankreich) ab. Muskat-Ottonel wirkt gewöhnlich parfümiert, trotzdem kann diese kleinbeerige Sorte im oberen Prädikatsbereich ausgezeichnete Qualitäten erbringen, hier vor allem im Burgenland.

Riesling, Weißer (Rheinriesling)

Die Bezeichnung „Rheinriesling" ist jüngeren Datums und wird zur Unterscheidung vom „Welschriesling" verwendet, der aber nicht zur Familie der Rieslinge zählt; fachlich gemeint ist der „Weiße Riesling".

Ruländer (Pinot gris)

Ist eine der edelsten Rebsorten und stellt höchste Ansprüche an Boden und Lage. Wahrscheinlich stammt er aus Frankreich (Burgund); nach Österreich kam er im 14. Jahrhundert durch die Zisterziensermönche von Stift Heiligenkreuz. Kaiser Karl IV. brachte 1375 Pinot-gris-Setzlinge nach Ungarn, wo der heute noch gültige Sortenname Szürkebarat („Grauer Mönch") auf die grauen Kutten der Ordensmänner hinweist. Der deutsche Name Ruländer geht auf den Kaufmann Johann Ruland aus Speyer zurück, der den Grauburgunder 1711 erstmals in der Pfalz kultivierte. Der Grauburgunder eignet sich bestens zur Cuvéesierung mit Weißburgunder, in der trockenen wie in der süßen Vinifizierung.

Sauvignon blanc

Am weitesten verbreitet ist er in der Südsteiermark, außerdem im nördlichen Burgenland. Gelegentlich werden aus ihm hohe Prädikatsweine gekeltert, die jedoch meist nicht die Ausdruckskraft der Sauternes erreichen. In den letzten Jahren wurde er neben Chardonnay zur Modesorte.

Scheurebe (Sämling 88)

Eine Sorte, die wie fast alle Neuzüchtungen durch Massenertrag in Verruf geraten ist. Im unteren Kabinettbereich (Steiermark) und in hohen Prädikatsstufen (Seewinkel) können angenehm fruchtige Weine produziert werden.

Traminer, Gewürztraminer, Roter Traminer

Diese Rebsorte gilt als eine der ältesten und wurde schon vom altrömischen Schriftsteller Plinius dem Älteren im 1. Jahrhundert in dessen botanischen Schriften erwähnt. In der Frage nach der genauen Herkunft - selbst wenn sie die Südtiroler aus Tramin für sich in Anspruch nehmen - und der Differenzierung der Spielarten herrscht international Uneinigkeit. Der Zusatz „Gewürz" dürfte laut Jancis Robinson („Reben, Trauben, Weine") im Sinne von starkem Duft, ähnlich dem französischen „musque", zu interpretieren sein, „rot" mit der rötlichen Farbe der reifen Beeren.

Veltliner, Grüner

Über die Herkunft des Grünen Veltliners lassen sich keine genauen Angaben machen. Im Burgenland, wo die Bedingungen für diese Sorte weniger günstig sind, ist sie dennoch nach dem Welschriesling die Nummer zwei! Differenziert werden kann zwischen qualitativ zufriedenstellenden Altklonen (Selektionen) wie z. B. von Dr. Dinstl (19. Jahrhundert - Wachau) oder solchen aus Krems und Langenlois (pfeffrige Note) und Neuzüchtungen, bei denen hohe Erträge angestrebt wurden (Sämlington = Mössmer-Klon), wie sie heute noch im

Weinviertel oder im Burgenland anzutreffen sind. Der Anteil des Grünen Veltliners an der österreichischen Rebfläche beträgt mehr als ein Viertel.

Weißburgunder (Pinot blanc)

Der Weißburgunder ist eine Mutation des Pinot noir und wahrscheinlich ein Abkömmling des Pinot gris und stellt an Boden und Lage hohe Ansprüche. Er ergibt leichte bis alkoholreiche Weine und hat oft ein geringes Eigenaroma.

Welschriesling

Diese Sorte wurde früher im Volksmund „Riesler" genannt. Sie erbringt als zweitwichtigste Rebsorte in Österreich mit knapp 10 Prozent der gesamten Anbaufläche (womit sie in den letzten Jahren den Müller-Thurgau überholt hat) im Burgenland die besten Qualitäten im trockenen sowie wegen ihrer rassigen Säure besonders im hohen Prädikatsbereich.

Rote Qualitätsrebsorten

Blauer Burgunder (Pinot noir)

Der Blaue Burgunder ist in Österreich mit verschiedenen Klonen vertreten und besonders in Niederösterreich und im Burgenland ausgepflanzt. Trotz seiner hohen Fäulnisanfälligkeit und seines geringen Ertrags gewinnt er als Edelrebsorte bei den qualitätsbewußten Winzern an Beliebtheit. Vinifiziert wird er durchwegs trocken; im Gegensatz zum Pinot aus Burgund ist der österreichische durch seinen geringeren Gerbstoffanteil milder im Geschmack, weich und fruchtig. Je nach Ausbauweise - ob klassisch oder in Barriques - reifen Blauburgunder hierzulande zwischen drei und sechs Jahren ihrem Höhepunkt entgegen; die besten können Jahrzehnte lagern.

Blaufränkisch

Diese in Deutschland „Limberger“ genannte Sorte ist vor allem in Österreich beheimatet; sie ist überwiegend im Burgenland ausgepflanzt, das Mittelburgenland nennt sich auch „Blaufränkischland“. Woher die Blaufränkisch-Rebe kam, liegt im dunkeln. In der Weinbauregion Neusiedler See-Hügelland (Eisenstadt, Rust, Höflein) mit ihrem pannonischen Klima und vor allem im Mittelburgenland (Neckenmarkt, Deutschkreutz, Horitschon) gewann der Blaufränkisch immer mehr an Bedeutung, er hat den in den siebziger Jahren oft ausgepflanzten, ertragreicheren Zweigelt verdrängt.

Blauer Zweigelt (Rotburger)

Diese Rebsorte - benannt nach dem Züchter Prof. Dr. Fritz Zweigelt - ist eine Kreuzung von St. Laurent und Blaufränkisch (1922). Sie ist die meistausgepflanzte Rotweinsorte in Österreich und in fast allen Weinbauregionen zu finden. Die Qualitäten sind sehr unterschiedlich; als Massenträger gezüchtet, kann der Zweigelt bei weitgehender Ertragsbeschränkung dichte, fruchtige Weine ergeben, die selbst die Vinifizierung in Barriques vertragen und in besonders guten Jahren dem Blaufränkisch überlegen sind, weil finessenreicher. Er eignet sich auch gut für Cuvées.

Cabernet Franc

Cabernet Franc wurde erst 1986 als Qualitätsrebsorte zugelassen. Interessant im Verschnitt mit Cabernet Sauvignon oder Blaufränkisch.

Cabernet Sauvignon

Diese Sorte ist ebenfalls erst seit 1986 in Österreich offiziell zugelassen (mit Ausnahmen). Sie braucht sehr warme Standorte und erwies sich trotz ihrer Neigung zum Verrieseln zur Überraschung vieler österreichischer Winzer als Massenträger.

St. Laurent

Man nimmt an, daß diese Sorte aus dem Elsaß über Deutschland nach Österreich gekommen und ein Abkömmling des Pinot noir ist. St. Laurent ist bei den Winzern nicht sehr beliebt, weil er spätfrost- und vor allem blüteempfindlich ist und deswegen im Ertrag unsicher. Die Sorte zeichnet sich durch ein feinfruchtiges Bukett aus, das an Sauerkirschen (Weichseln) und im Alter mitunter an reife Burgunder erinnert. Reinsortig und traditionell ausgebaut, erreichen die Weine meist nach zwei bis fünf Jahren ihren Höhepunkt; im Barrique vinifizierte lassen sich länger lagern.

Syrah

Offiziell seit Herbst 2000 zugelassen. Geschmacklich eine nicht uninteressante Sorte, die aber beste Lagen und Reife benötigt. Spielt eine untergeordnete Rolle.

Das Österreichische Weingesetz

Weinbau fällt in Österreich unter die Befugnisse der jeweiligen Landesregierung. Das heißt, daß Rebkulturen, Rebflächen, Rebsorten usw. per Landesgesetz festgelegt und klassifiziert sind. Heute gibt es in den Bundesländern, de facto die Weinbauregionen - Wien, Niederösterreich, Burgenland und Steiermark -, insgesamt 16 gesetzlich definierte Weinbaugebiete.

Mit dem Österreichischen Weingesetz von 1985 und den folgenden Novellen sind Richtlinien für heimische Weine vorgegeben; welcher Kategorie diese entsprechen, muß auf dem Etikett aufscheinen. Qualitäts-, Kabinett- und Prädikatsweine (1) mit Jahrgangs- (2) bzw. Sortenbezeichnung (3) müssen zumindest zu 85 Prozent aus dem genannten Jahrgang und aus der genannten Sorte stammen. Die Angabe der Rebsorte für Spätlesen und Auslesen ist zwingend, eben-

so des Jahrgangs von Spätlese aufwärts - dieser wird üblicherweise auch bei Qualitäts- und Kabinettweinen angeführt.

Außerdem muß auf jedem Etikett der Gehalt an unvergorenem Zucker im Wein deutlich gemacht werden (4).

Wein mit der Bezeichnung „Österreich", „Österreichischer Wein" oder „Wein aus Österreich" darf ausschließlich aus österreichischen Trauben erzeugt werden; jede nähere Herkunftsbezeichnung wie die Weinbauregion, das Weinbaugebiet, die Großlage, Gemeinde und Ried (5) muß ebenfalls 100%ig stimmen. Weiters müssen auf dem Etikett Name und Standort des Erzeugers, Abfüllers oder Verkäufers aufscheinen.

Alle Weine werden, ähnlich wie in Deutschland, aufgrund der Zuckergradation der Trauben in Qualitätsstufen kategorisiert:

Tafelwein - Landwein - Qualitätswein - Kabinett - Prädikatsweine (Spätlese - Auslese - Beerenauslese - Ausbruch - Trockenbeerenauslese - Eiswein).

Die Jahrgänge seit 1986

1986 - durchschnittlich bis sehr gut
Die Weine sind allgemein gut bis hervorragend, auch die hohen Prädikate aus dem Burgenland mit guter Säurestruktur und Extrakten.

1987 - durchschnittlich bis gut
Ein oft unterschätzter Jahrgang mit kleiner Menge, der jetzt noch - allerdings nur in den besten Qualitäten - Freude bereiten kann, auch wenn der Zucker- bzw. der Alkoholgehalt geringer war als 1986. Rotweine können nicht überzeugen.

1988 - durchschnittlich bis gut
Das Klima war eher kühl, der Regen ließ die Beeren aufquellen und verdünnte den Most. Gute Burgunder.

1989 - durchschnittlich bis sehr gut
Ein überschätzter Jahrgang, da die physiologische Reife bei den meisten Sorten nicht vorhanden war. Einige Rotweine können aber heute noch Spaß machen.

1990 - gut bis hervorragend
Ergab insgesamt fruchtige und kompakte Rotweine, wobei dickschalige, kleinbeerige Sorten wie Cabernet im Vorteil waren, deren Reifepotential aber unter dem der 89er lag. Mangelware gab es bei den Prädikatsweinen, weil der Botrytisbefall fast gänzlich ausblieb.

1991 - durchschnittlich bis sehr gut
Hatte man im September auf ein „Ausbruch"-Jahr gehofft, minimierten Regen und kaltes Wetter die Möglichkeiten, aber es kamen doch einige sehr gute Prädikatsweine zustande. Auch angenehme Weiß- und fruchtige Rotweine wurden gekeltert.

1992 - gut bis ausgezeichnet

Viele Rotweine beeindruckten am Anfang durch dichte Farbe, Tannine und Fruchtigkeit. Einige Cuvées konnten sich zu großen Weinen entwickeln, die fruchtbetonten Sorten sollten getrunken sein (vielleicht mit Ausnahme von Weinen aus dem Mittelburgenland). Prädikatsweine gab es kaum, weil sich wegen der Trockenheit keine Botrytis bilden konnte.

1993 - sehr gut bis hervorragend

Durch Botrytisbildung konnte im Burgenland eine ansehnliche Menge an höhergradigen Prädikatsweinen gelesen werden. Bei den Rotweinen ist Cabernet Sauvignon meist etwas interessanter als Blaufränkisch, alle sind aber in der Farbstruktur sehr intensiv.

1994 - gut bis sehr gut

Es konnten nur wenige Botrytisweine eingebracht werden, z. T. aber wurden mehr edelfaule Trauben gelesen als in den beiden Jahrgängen davor, besonders in der Umgebung von Illmitz. Die Entwicklung der Rotweine - zum Teil gab es Vergärungsprobleme (Restzucker) - zeigt stark gebietsabhängig bislang mehr Tanninhärte als Fruchtbetonung, insbesondere bei Blaufränkisch und Cabernet Sauvignon.

1995 - gut bis sehr gut

Die Qualitäten waren sehr unterschiedlich, je nach Standort. Der Jahrgang brachte sehr gute Säurewerte, auch im hohen Alkoholbereich. Im Burgenland konnte eine Rekordmenge an hohen Prädikatsweinen gelesen werden, die aber nicht immer hohen Qualitätsansprüchen gerecht werden konnten.

1996 - gut bis sehr gut

Starke Winterfröste im Weinbaugebiet Neusiedler See und Hagel im Juni von Deutschkreutz bis Neckenmarkt im mittleren Burgenland minderten bereits die Erwartungen der dortigen Winzer. Fruchtige, frische Rotweine (Zweigelt, Blaufränkisch), ebenso gehaltvolle weiße Burgundersorten und wenige hohe Prädikatsweine.

1997 - gut bis sehr gut
Hohe Prädikate konnten nur in geringer Menge gelesen werden. Die frühreifenden Rotweine (Zweigelt, Burgundersorten) sind farbintensiv, fruchtbetont und sehr gut strukturiert.

1998 - gut bis ausgezeichnet
Bei den Rotweinen waren die Frühsorten im Vorteil (Zweigelt, Pinot noir, St. Laurent). Hohe Prädikate konnten vor allem im Seewinkel in großer Menge und zum Teil in hervorragender Qualität gelesen werden.

1999 - sehr gut bis ausgezeichnet
Ein großer Jahrgang für Rotweine, ebenso für weiße Burgundersorten. Zum Teil sehr gute Prädikatsweine.

2000 - sehr gut bis ausgezeichnet
Ein sehr guter Jahrgang mit relativ früh trinkbaren Weinen. Im Burgenland vollmundige Rotweine, aber ohne die Größe des Vorjahres zu besitzen. Wenige Prädikatsweine.

Radlerland Burgenland

Ein Radwegenetz über Tausende Kilometer durchzieht, fast ausschließlich asphaltiert, das Burgenland. Die Wege sind bestens markiert und beschildert. Der flache, sanft geschwungene Norden geht über in die sonnendurchglühte Weite des Seewinkels und des Naturparadieses Nationalpark Neusiedler See. Vom schilfgesäumten Ufer des größten Steppensees Mitteleuropas ist's nur ein Sprung zu den waldreichen Kuppen und Anhöhen des Mittelburgenlandes. Noch

weiter südlich wechseln Hügellandschaften mit Waldgebieten und Obstplantagen.
„Radlwirte“ bieten ein speziell für Radfahrer abgestimmtes Speisen- und Getränkeangebot. Weiters hat der Radler hier die Möglichkeit, kleinere Reparaturen selbst durchzuführen (Werkzeug ist vorhanden). Auch Infomaterial liegt in den Gasthöfen auf. Informationsmaterial über die Radverleih- und Reparaturstellen erhält man auch über die Informationsstellen der jeweiligen Gemeinde.
Wer den Vorteil des Radfahrens genießen und die Schwierigkeiten eines Transportes vermeiden will, kann sich in den verschiedenen Orten ein Rad ausleihen. Die Radverleih-Stelle am Bahnhof (ÖBB) für das Burgenland befindet sich in Neusiedl am See.
Im Burgenland sind sehr viele Radrundwege angelegt, von denen die meisten familienfreundlich sind. Zudem besteht die Möglichkeit, mit Fähren den Neusiedler See zu überqueren und somit verschiedene Wege miteinander zu kombinieren. Einzelne Radwege führen auch nach Ungarn. Diese Grenzstellen sind meist nur für Fußgänger und Radfahrer geöffnet. Generell muß man zwischen Rundwegen und Begleitwegen unterscheiden. Einer gesamtburgenländischen Einteilung zufolge werden diese zwar logischerweise mit einem „R“ und „B“ (grüne Kennzeichnung) abgekürzt, aber das „R“ steht für Begleitweg und „B“ für Rundweg. „B-Wege“ führen also - auf mehr oder minder langen Rundkursen - wieder zum Ausgangspunkt zurück. „R-Wege“ begleiten zumeist - mehr oder weniger parallel verlaufend - wichtige Straßen. Als zusätzliche Varianten gibt es noch eine Anzahl sogenannter „örtlicher Radwege“. Sie sind nur mit einer dreistelligen Zahl gekennzeichnet.
Ab Ende Juni 2001 führt der Jubiläumsradweg „R 1“ auf einer Länge von 260 km von Kittsee im Norden bis Kalch im Süden des Burgenlandes. Der Weg ist, abweichend von der anderen Beschilderung, blau-weiß ausgeschildert.
Eine Informationsbroschüre und eine Straßenkarte, in der die Radwege im Überblick eingezeichnet sind, geben darüber eine knappe, aber

aufgrund der gut ausgeschilderten Wege ausreichende Auskunft. Im Internet finden Sie unter *www.tiscover.com/burgenland* ebenfalls Informationen über die Radwege.
Vom Donau-Radweg führt der Verbindungsradweg, „B 21", von Bad Deutsch Altenburg Richtung Süden zum Neusiedler See.

Information und Tips

Über das Burgenland steht umfangreiches Informationsmaterial zu den einzelnen Weinbaugebieten, Radfahrwegen, Kulturevents und Unterkünften zur Verfügung. Prospektmaterial und Broschüren können Sie leicht und unbürokratisch bestellen.

Burgenland Tourismus
Schloß Esterházy
7000 Eisenstadt
Telefon: 02682/6 33 84-0
Fax: 02682/6 33 84-32
E-Mail: info@burgenland-tourism.co.at
www.burgenland.at/tourismus
www.tiscover.com/burgenland

Radverleih-Bahnhof im Burgenland
Bahnhof Neusiedl am See
Telefon: 02167/24 06-584
www.oebb.at/service/3.html
Hier finden Sie Informationen für Bahnreisende über die Verleihgebühren sowie über die Vertragspartner der ÖBB.

Über Wein und Winzer finden Sie unter *www.austrian.wine.co.at* ständig aktualisierte Informationen.

NEUSIEDLER SEE

WEIDEN am See
Seebad
Seepark
Zeiselberg 165
Seufzerbg.
Gaiten
Unterfeld
Hochviertel
Mitterstückl
Reitäcker
Goldberg 157
Ob. Heidäcker
Parndorfer Lüß
Setzluß
Ungerberg
Altenberg
Goldberg
Hengstgr.
Gebühläcker
Hintenausacre
Neunmahdkpl.
Weingärten
Satz
Lg. Satzberg
Schafleiten
Baum-Spiegel
Bless
Holzäcker
A4
Gabarinza
GOLS (130)
Bhf.
Wiesenäcker
Breitenäcker
Kurzberg
Waldäcker
Langburg
MÖNCHHOF
Kellern
Marienkron
Satz
Pohnpühl
Aussatz
Rapplbühl
Kreuzjoch
Johanneskpl.
Schl.
Hst.
Kaiserberg
Neusiedler (Zitzmannsdorfer) Wiesen
Golser Kanal
Zwerchäcker
Wiesen
Bhf. Mönchhof Halbturn
HALBTURN (130)
Annakreuz
Innere-Hochluß
Äußere-
Hofört
Pahlen
Wiesäcker
Wiesenackerl
Kreuzäcker
Lehendorf
PODERSDORF am See (121)
Halde
Edelgründe
Fürstl. Prädium
Stationshof
Stationsäcker
Spählingsacker
Mönchhofer Weg
Äußere-Langäcker
Rotes Kreuz
Weißes Kreuz
Rochuskpl.
Mühlsatz
Großfeld
Straßenäcker
Hallebühel
Serbenfriedhof
Innere-
Grundäcker
Bhf.
Kapellenacker
Wandlkreuz
Rochuskpl.
Türkenhügel
FRAUENKIRCHEN
Triftäcker
Söllneräcker
Zeiselfeld
Grundlacke
Grabenäcker
Tradtner-Weg-Äcker
Heidäcker
Apetloner-Weg
Heide
Schweizerried
Albrechtsfeld
Birnbaumlacke (per.)
Kleinhäusleräcker
ALBRECHTSFELD
Ochsenbrunnlacke
Westhof
Lidykapelle
Heidäcker
Paulhof
Fuchsenfeld
Göghhof
Kl. Neubruchlacke
Standlacke
Große Äcker
Seeäcker
Seewinkel
Ziegelhof
Erdeihof
Neubruch
Neuaufriss
Söllneräcker
Fuchslochlacke
Kühbrunnlacke
Zicksee
Bad
Gansllacke (per.)
Auer-
Gr. Neubruchlacke
Fuchsloch
Sechsmahdlacke
Bhf. St. Andrä i. Bgld.
ST. ANDRÄ am Zicksee (126)
Weißes Kreuz
Lange Acker
Rosaliakapelle
Schandles Grund
Reihersiedlung
Badelacke
Heulege
Rochuskapelle
Weißes Kreuz
Unterjoch
Hottergrube
Huldenäcker
Huldenlacke
Bad
Grübl
Darscho (Warmsee)
Wörtenlacke
Rostes Kreuz
Oberzick
Dreifaltigkeitskreuz
ANDAU (120)
Naturschutzgebiet
Langer Luß
TADTEN (122)
Wallerner Äcker
Lange Lacke
Brunnenweide
Lunzerkreuz
Grabenluß
Seewinkelhof
1. Martinhof
Martenhofer Lacken
Tadtner Meierhof
Neusiedlerweg
Schwarzseelacke
Obere Mitterried
Apetloner Weg
Götschlacke
APETLON (120)
Langer Acker
FERIENDORF PANNONIA
Hauptgraben
Neuhof
Unt. Mitterried
Hedwighof (Tiglat)
Lußäcker
Kanal
Zwerstäcker
Höhacker
Waasen
Herrschaftsgraben
Martentau
Burg 121
WALLERN im Bgld. (120)
Dorfseewiesen
Zwei Bühel
Lange Äcker
Kirchenäcker
Rustenäcker
Lerchenfeld u. Wörthäcker
Mitteräcker
Brunnäcker
PAMHAGEN (121)
Wörtäcker
Hauswiesen
Hübel-Hauswiesen
UNGARN
Fertöd

Zum Weinbaugebiet Neusiedler See mit etwas mehr als 10.000 Hektar Rebfläche zählen die Regionen am nördlichen Ufer des Neusiedler Sees mit der Parndorfer Platte sowie ihre „Wagram" genannten Abhänge und der gesamte Bereich am Ostufer bis zur ungarischen Grenze. Im Volksmund wird die gesamte Region gerne pauschal als „Seewinkel" tituliert. Die Böden sind sehr unterschiedlich: schottrig und kaum vom Seeklima beeinflußt auf der Parndorfer Platte, sandig-lehmig am Wagram, während im eigentlichen, flachen Seewinkel mit seinen zahlreichen Lacken Schwarzerde und Sand vorherrschen.

Überall um den Neusiedler See trifft man auf die Schilfpflanze. Sie hat sich im Burgenland in zwei Jahrhunderten von kleinen Flächen am Seerand und im Hanság (Ungarn) zu den heutigen Ausmaßen von 180 km^2 ausgebreitet. Neben 354 Vogelarten und großen Fischpopulationen bietet der Schilfgürtel mit seinem Labyrinth aus Wasserstraßen und Naturkanälen auch Rehen, Hirschen, Wildschweinen, Füchsen und Wildziegen ein Zuhause - nicht immer zur Freude der Winzer, die Reben- und Traubenfraß fürchten.
Das Klima wird von pannonischen und kontinentalen Einflüssen geprägt. Die höchsten Temperaturwerte werden im Nordosten des Burgenlandes und im Seewinkel gemessen. Klimaregulierend wirkt der Neusiedler See. Er ist der größte mitteleuropäische Steppensee, 36 Kilometer lang, nur ein bis zwei Meter tief und von einem breiten Schilfgürtel umgeben. Die Milderung der Temperatur durch den See wird im Herbst deutlich, wenn dieser in Verbindung mit der Entstehung von Seenebeln als Wärmespeicher wirkt.
Der Neusiedler See prägt das Wachstum der Weinreben sowohl durch seine Fähigkeit der Wärmespeicherung als auch durch seine hohe Wasserverdunstung mit jährlich über 40 Prozent, die entscheidend zur Entstehung der Edelfäulnis (Botrytis cinerea) beiträgt. Dieser Graupilz befällt bei feuchtwarmer Witterung die vollreifen Trauben und zerstört die Beerenschale, so daß bei entsprechender Tageserwärmung und Sonnenbestrahlung Wasser aus den Beeren verdunstet und diese rosinenartig einschrumpfen. So sehr in Seenähe der Befall mit Botrytis bei den blauen Sorten gefürchtet ist, so willkommen ist er bei den weißen zur Kelterung von edelsüßen Prädikatsweinen, die selbst in internationalen Verkostungen den Vergleich mit den besten Süßweinen der Welt nicht zu scheuen brauchen.
Über 80 Prozent der Rebfläche sind mit weißen Sorten bepflanzt; es dominieren Welschriesling und Weißburgunder sowie Chardonnay und bei den Rotweinen Blauer Zweigelt und St. Laurent.

Neusiedl am See

Über die „Flughafenautobahn“ A 4 Richtung Budapest geht es von Wien in einer guten halben Stunde nach Neusiedl am See, wo die Seewinkelweinstraße beginnt. Neusiedl am See ist eine Hangsiedlung am Wagram; sie wurde wiederholt bei Türkeneinfällen zerstört und später von kroatischen Siedlern wieder aufgebaut. Sehenswert ist die katholische Pfarrkirche, die den hll. Nikolaus und Gallus geweiht ist. Ihre Kanzel, die Fischerkanzel, stellt den Bug eines Schiffes samt Takelage dar und deutet darauf hin, wie wichtig hier der

Fischfang in früheren Zeiten war. Einen Einblick in die Alltagskultur kann man sich im Pannonischen Heimatmuseum verschaffen. Ein wunderbarer Ausblick über den ganzen See ergibt sich von der Turmruine Tabor über der Stadt. Zur Zeit stehen etwa 800 Hektar Weingärten in Ertrag, die aber durch die Expansion Neusiedls langsam, aber sicher zurückgehen. In den warmen Jahreszeiten ist der Neusiedler See Zentrum der Surfer, Badenden und natürlich Segler; im Winter, wenn's kalt genug ist, steht eine spiegelglatte Eisfläche für Eisläufer und Eissegler zur Verfügung. Anziehungspunkt zu jeder Jahreszeit ist im Seewinkel der Nationalpark Neusiedler See.

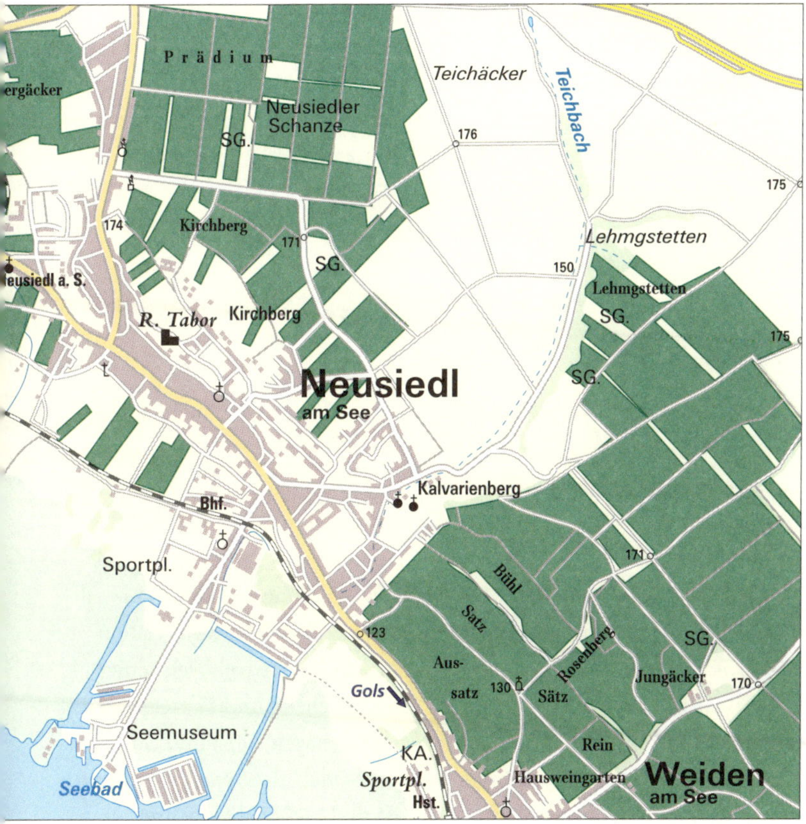

Die Seewinkelweinstraße

Die Seewinkelweinstraße beginnt bei Neusiedl am See und verläuft entlang des Abhangs der Parndorfer Heide über Weiden am See, Gols, Mönchhof und Halbturn entlang der ungarischen Grenze vorbei am Naturschutzgebiet „Lange Lacke" nach Andau, Tadten, Wallern und Pamhagen; über Wallern, Apetlon, Illmitz und Podersdorf führt sie zurück nach Neusiedl.
Um den See bieten viele Heurige - manchmal „Schangl" oder „Schenkhaus" genannt - warme Speisen (Brat-, Blut- und Leberwurst, verschieden gefüllte Strudel ...) an, oft wie im nahen Ungarn mit Paprika oder Knoblauch abgeschmeckt. Aber auch ein Schmalzbrot wird gerne mit Paprikapulver bestreut, über warme Grammeln (Grieben) Knoblauch gepreßt, und weder Fleisch noch Würste der Brettljause entbehren einer kräftigen Würze. Leider nur selten steht Fisch aus dem See, zum Beispiel geräucherter Aal, auf der Karte. Zum Ziegenkäse - in den letzten Jahren vermehrt produziert -, der in verschiedenen Formen offeriert wird, oder solo als Abschluß eines Heurigenbesuchs, sollte man sich ein Glas der süßen Weinspezialitäten nicht entgehen lassen.

Unterkunft und Essen

Landgasthaus am Nyikospark
Untere Hauptstraße 57
7100 Neusiedl am See
Telefon u. Fax: 02167/4 02 22
E-Mail: landgasthaus@nyikospark.at
www.nyikospark.at
Im ehemaligen Traditionsgasthaus, in dem das k. u. k. Casino der Kaserne Neusiedl am See untergebracht war, weht ein neuer Wind. In den modern gestalteten Räumen wird regionale und Wiener Küche mit Pfiff zubereitet. Das Mangalizaschwein kommt aus Podersdorf, das Lamm aus Tadten, das Wild sowie das Graurind vom Nationalpark, die Perlhühner aus Gattendorf, die Fische vom Neusiedler See, Frischeier und Eierteigwaren aus Pamhagen, Obst und Gemüse aus Weiden, der Spargel aus Illmitz, Öle und Liköre aus Apetlon.

Sehr gute Weinauswahl. Im schattigen Garten wird man leider mit dem Straßenlärm der Hauptstraße konfrontiert.
Öffnungszeiten: Juli und August ohne Ruhetag, durchgehend warme Küche von 10.00 bis 24.00 Uhr. In den anderen Monaten Ruhetage am Montag und Dienstag.

Information und Tips

Tourismusbüro
Hauptplatz 1
7100 Neusiedl am See
Telefon: 02167/22 29
Fax: 02167/26 37
E-Mail: info@neusiedlamsee.at

Pannonisches Heimatmuseum
Kalvarienbergstraße 40
7100 Neusiedl am See
Telefon: 02167/81 73
Zahlreiche Exponate zur Geschichte des Weinbaus und zum Alltagsleben sind im Heimatmuseum zu finden.

Burgenland Tourismus
Schloß Esterházy
7000 Eisenstadt
Telefon: 02682/6 33 84-0
Fax: 02682/6 33 84-32
info@burgenland-tourism.co.at
www.burgenland.at/tourismus
www.tiscover.com/burgenland

Strohmandln

Radwandern

Der Neusiedler See-Radweg, „B 10", führt rund um den Neusiedler See über österreichisches und ungarisches Staatsgebiet. 95 Kilometer davon liegen in Österreich, 38 Kilometer in Ungarn. Der Weg ist sehr gut beschildert und fast durchgehend asphaltiert. Lediglich von Weiden am See bis Podersdorf ist er aufgrund des Vollnaturschutzgebietes geschottert. Der an den „B 10" angeschlossene Radweg „B 20", der Lacken-Radweg, ist 48 Kilometer lang. Die Hälfte dieses Weges ist geschottert und weist keine Steigung auf.

Jois

Die Gemeinde Jois wurde 1217 erstmals urkundlich erwähnt und hatte neben Rust und Neusiedl als einzige das Privileg, ihre Weinfässer zu kennzeichnen, und zwar mit einem G - Geusz. Jois hat im Lauf der Geschichte über eine beachtliche Anzahl von Ortsnamen verfügt. Gräberfunde aus der Jungsteinzeit, der La-Tène-Zeit, der Hallstattzeit, der Römerzeit beweisen, daß es sich hier um ein uraltes Siedlungsgebiet handelt. Einen Einblick in die Geschichte kann man sich im Heimatmuseum verschaffen, das im Gemeindeamt untergebracht ist.

In der Weinbaugemeinde wurde 1989 ein Weinlehrpfad durch die besten Rieden angelegt; alte, restaurierte „Hiatahüttn" können besichtigt werden. Die Ortschaft schmiegt sich an die Ausläufer des Jungerbergs und des Hackelsbergs, wo eine seltene östliche Flora vorzufinden ist (Flaumeiche, Frühlingsanemonen, Zwergiris). Im Ortsbild ist die barocke Pfarrkirche hervorzuheben, die dem hl. Georg geweiht ist und deren Baubeginn in das Jahr 1757 fällt.

Jois liegt etwa sechs Kilometer westlich von Neusiedl am See an der B 50.

Information und Tips

Tourismusinformation
Untere Hauptstraße 23
7093 Jois
Telefon: 02160/83 10
Fax: 02160/83 10-72

Kornkammer Burgenland

Weiden am See

In der Stroh- und Korbflechtergemeinde Weiden am See orientiert man sich touristisch an allem, was sich auf oder im Wasser tun läßt. Im Seepark bieten die im pannonischen Stil gebauten Ferienhäuser beste Aussichten auf einen familienfreundlichen Urlaub. An der Barockkirche, deren Hochaltar Lukas von Hildebrandt entworfen hat, sollte man nicht vorbeigehen. Beliebt ist der „Stockerlverkauf" oder „Sesselmarkt": Vor den Häusern stehen einfache Sessel oder Stockerl, auf denen alles liegt, was die Natur hergibt: Obst, Gemüse, Trauben im Herbst, Nüsse, Kürbisse ... Allerdings darf nur das verkauft werden, was von den Bauern selbst produziert wird. Die Strohgeflechte sind echte Handarbeit. Weiden liegt zwei Kilometer östlich von Neusiedl an der B 51.

Ab-Hof-Verkauf sehr beliebt

Unterkunft und Essen

Restaurant Zur Blauen Gans
Alain & Martha Weissgerber
Seepark
7121 Weiden am See
Telefon: 02167/75 10
Fax: 02167/78 40
Eines der besten Restaurants der Region, mitten im Seepark gelegen; Terrasse. Verfeinerte, bodenständige Küche. Sehr gute Weinauswahl und charmanter, perfekter Service. Lassen Sie sich nicht vom Campingplatz irritieren! Urlaub von Januar bis Mitte März, Dienstag Ruhetag.

Information und Tips

Tourismusverband
Raiffeisenplatz 5
7121 Weiden am See
Telefon: 02167/74 27 oder 73 11-13
Fax: 02167/73 11-22
E-Mail: weiden-tourismus@bnet.at

Gols

Dieser Ort ist, neben Langenlois - die Auseinandersetzung um dieses Privileg hat bereits Tradition -, die größte österreichische Weinbaugemeinde mit etwa 1.800 Hektar Weingartenfläche - davon fast 80 Prozent mit Weißweinreben bestockt - und birgt ein Potential, das bei weitem noch nicht ausgeschöpft ist. Besonders bei Rotweinen und gehaltvollen Weißweinen, speziell aus Burgundersorten, ist der Zenit noch nicht erreicht.

Das Gemeindegebiet umfaßt einen schmalen Streifen der Seeniederung, das anschließende Flachland, den Wagram mit Ungerberg (163 Meter), Goldberg (156 Meter) und Schafleiten sowie einen Teil der östlichen Parndorfer Platte. Die Gemeinde ist auch geprägt durch die traditionellen Maisspeicher aus hohen Lattenkästen, die „Tschardaken" genannt werden. Der alljährliche Golser Weinfrühling, das Volksfest Mitte August und das Martiniloben am 11. November sind beliebte Treffpunkte, um den Golser Wein kennenzulernen. Gols besitzt zwei Kirchen, die katholische Pfarrkirche hl. Jakobus der Ältere, die mehrmals umgebaut wurde und von der mittelalterlichen Grundstruktur bis zum neugotischen Hauptaltar mehrere Stile in sich vereint, sowie die evangelische Pfarrkirche A. B. Gols ist übrigens eine der bedeutendsten protestantischen Gemeinden Österreichs durch die liberale Einstellung des Grundherrn konnte sich die Gemeinde selbst in der Zeit der Gegenreformation halten.

Für Weinfreunde ist auch das Denkmal von Paul Vetter, einem Ödenburger Weinbauinspektor, von Interesse, der den Golsern mit seinem Wissen über die amerikanischen Unterlagsreben und die damit verbundene Reaktivierung der Weingärten während der Reblauskatastrophe am Ende des 19. Jahrhunderts aus der Patsche half.

Gols, ebenfalls an der B 51 gelegen, erreicht man nach einer kurzen Fahrstrecke von vier Kilometern östlich von Weiden am See.

Rieden Altenberg und Gabarinza

Wenn Sie einen schönen Blick über die Abhänge des Wagram und den See suchen, dann bietet sich dafür der Weinwanderweg an, der an den besten Weinlagen von Gols vorbeiführt. Dazu biegen Sie in die Ried Ungerberg am Ortsbeginn von Gols ein, folgen diesem Weg bis zur ersten Abzweigung, wo es halblinks auf einem nicht asphaltierten Güterweg weitergeht. Hier liegen die Golser Rieden Altenberg und Goldberg. Über die Ortsvinothek führt der Rundweg Richtung

Mönchhof zur Gabarinza. Der Weinwanderweg ist mit Lehrtafeln, die Wissenswertes über die Region, den Weinbau und die Rebsorten vermitteln, versehen. In den Rieden Altenberg, Goldberg und Gabarinza gedeihen Blaufränkisch, Zweigelt, Chardonnay, Neuburger und etwas Syrah. Die Böden bestehen hauptsächlich aus Kies und Sand sowie Lehm, im unteren Bereich ist der Humus- und Schwarzerdeanteil größer.

Syrah-Weingarten

Winzer und Heurige

Weingut Paul Achs
Neubaugasse 13
7122 Gols
Telefon: 02173/23 67
Fax: 02173/34 78
www.pannobile.at
Der junge, innovative Paul Achs setzt voll auf Rotwein. Die Qualitäten in den letzten Jahren bestätigen ihn darin. Auch richtig seine Entscheidung, den Cabernet Sauvignon auszureißen. Paul Achs ist Spezialist für Pinot noir und Zweigelt, aber auch der Blaufränkisch und der St. Laurent können überzeugen.

Weingut Christl und Matthias Beck
Untere Hauptstraße 108
7122 Gols
Telefon: 02173/27 55
Fax: 02173/27 55-4
E-Mail: weingut.beck@aon.at
www.pannobile.at
Das Weingut wird vom Ehepaar Christine und Matthias Beck geführt. Die Weingärten liegen hauptsächlich in der Gemeinde Gols. Die Weißweine werden, je nach Sorte, in Akazienfässern oder in Edelstahltanks, die mit Wasserberieselung gekühlt werden können, vergoren, die Rotweine im Gärtank oder auf herkömmliche Art im Bottich, wobei die durchschnittliche

Maischestandzeit 14 Tage beträgt. Mit der Lese 1985 wurde begonnen, die besten Weine der Sorte Zweigelt auch in kleinen, neuen Eichenfässern auszubauen, vorwiegend Allier- und Manhartsberger Eiche. Weine mit Restzucker werden von Matthias Beck seit 1985 nur mehr vereinzelt ausgebaut. Für ihn ist bei der Weinbereitung die Kontinuität wichtig, und die ist in Gols für edelsüße Weine, im Gegensatz etwa zu Illmitz, nicht gegeben.
„Pannobile“ (Vereinigung von Qualitätsbetrieben) versteht sich als Weintyp einer eventuellen Appellation (Gebietsschutz; ähnlich Vinea Wachau): opulente, trockene Weiß- und konzentrierte Rotweine, beide mit malolaktischer Gärung und in Barriques ausgebaut, mit einem gemeinsamen Namen, jedoch individuell vom jeweiligen Weingut vinifiziert.

Weingut
Gernot und Heike Heinrich
Baumgarten 60
7122 Gols
Telefon: 02173/31 76-0
Fax: 02173/31 76-4
E-Mail: weingut@heinrich.co.at
www.pannobile.at

Gernot Heinrich ist einer der zielstrebigsten Winzer Österreichs, hat dem Weingut zum Durchbruch verholfen und zählt zu den Besten der Region. Heinrich legt im Weingarten großen Wert auf eine der jeweiligen Sorte entsprechende Behandlung. Alle Arbeiten werden unter Berücksichtigung ökologischer Grundsätze durchgeführt. Der optimale Lesezeitpunkt ist gegeben, wenn die Trauben ihre physiologische Reife erreicht haben; er wird durch Messung von Zuckergradation, Säure und pH-Wert ermittelt. Angestrebt werden Fülle und Kraft - nicht unbedingt gleichzusetzen mit hohem Alkoholgehalt - sowie Langlebigkeit der Weine. Die Vinifizierung leichter, fruchtiger Weißweine, Welschriesling zum Beispiel, erfolgt in Edelstahltanks. Gehaltvolle, alkoholreichere Weißweine, wie Weißer Burgunder, reifen im großen Holzfaß und in Barriques. Der Ausbau in Barriques (Allier, Nevers, Slawonische Eiche) dauert mindestens ein Jahr, in der Regel 14 bis 16 Monate; jeweils etwa ein Drittel der kleinen Fässer sind neu.
Gernot Heinrich konzentriert sich bei den Weißweinen auf die Burgunder, Chardonnay und Muskatel-

ler, bei den Roten auf Blaufränkisch und Zweigelt im klassischen Ausbau, einen hervorragenden Blauburgunder (1999!) und auf die Barrique-Cuvée „Gabarinza“, einen Lagenwein aus Blaufränkisch, Zweigelt und St. Laurent. Die neue Betriebsstätte ist ein architektonisch interessanter Blickfang.

Weingut
Heinrich Lunzer
Breitenäcker 1
7122 Gols
Telefon: 02173/25 00
Fax: 02173/25 00-4
Ein entdeckenswerter Betrieb. Vor allem die Rotweine überzeugen seit Jahren. Sie werden traditionell in großen Holzfässern oder in Barriques ausgebaut. Bei den Weißweinen sind der Welschriesling und der Chardonnay interessant.

Weingut
Hans und Anita Nittnaus
Untere Hauptstraße 49
7122 Gols
Telefon u. Fax: 02173/22 48
E-Mail: h.nittnaus@pirchner.co.at
www.pannobile.at
Das Weingut ist ein Vorreiter im Burgenland, da es einer der ersten Betriebe war, die mit moderner Vinifizierung und penibler Weingartenarbeit große Rotweine produzierten. Momentan stehen 21 Hektar im Ertrag, davon sind 90 Prozent mit Rotweinsorten bepflanzt. Bei diesen hält Hans Nittnaus fest. Sein Blaufränkischweingarten am „Heideboden“ ist über 35 Jahre alt. Die Weine aus den daraus gelesenen Trauben überzeugen durch Frucht und Finesse.
Die Cuvée „Pannobile weiß“ besteht hauptsächlich aus kräftigen Burgundersorten, wurde aber 1994 zum ersten Mal mit Sauvignon blanc ergänzt. Reinsortig ausgebaut werden Welschriesling, Chardonnay und Sauvignon blanc.
„Pannobile“ als Bezeichnung für eine Rotweincuvée, überwiegend St. Laurent, weiters Blaufränkisch und Cabernet Sauvignon, hat Hans Nittnaus bereits seit 1990 verwendet, und zwar damals für seinen „Zweitwein“. Sein Topprodukt mit einem großen Anteil von Cabernet Sauvignon nennt er derzeit noch „Comondor“. Seit der Gründung der Vereinigung „Pannobile“ steht allerdings dieser Name für den jeweils besten Weiß- bzw. Rotwein des Weinguts. Prädikatsweine wer-

den erzeugt, wenn es sich aufgrund der natürlichen Bedingungen ergibt, aber sie werden nicht unbedingt forciert.

Weingut
Gerhard Pittnauer

Untere Hauptstraße 71
7122 Gols
Telefon u. Fax: 02173/34 07
E-Mail: g.pittnauer@pirchner.co.at
www.pannobile.at

In den letzten Jahren machte Gerhard Pittnauer sowohl mit seinen Weiß- als auch mit seinen Rotweinen auf sich aufmerksam und konnte sich an der Spitze der burgenländischen Winzer etablieren. Auch bei ihm Höhepunkt - der Pannobile. Sonst überzeugen Zweigelt, St. Laurent, Pinot noir bei den roten und Chardonnay sowie Neuburger bei den weißen Sorten. Gerhard Pittnauer ist der (richtigen) Meinung, daß das Potential noch nicht ausgeschöpft ist. Er ist zwar ein „Stiller", aber ein Meister seines Faches.

Weingut Juris

Axel Stiegelmar
Marktgasse 12-18
7122 Gols
Telefon: 02173/27 48
Fax: 02173/33 23
E-Mail: juris.winery@aon.at

Die Palette der Rebsorten ist vielfältig - mit besonderer Berücksichtigung der fruchtigen, sowohl bei den weißen als auch bei den roten. Der Ausbau in Barriques, zum ersten Mal 1983 versucht, erfolgt immer in einem Mix von gebrauchten und neuen Allier-Fässern; für Rotweine steht seit einigen Jahren ein eigener Keller zur Verfügung. Neben trockenen Weißweinen werden bei Stiegelmar seit 1965 auch Süßweine gekeltert, darunter früher auch im jetzt geltenden Weingesetz nicht mehr vorgesehene und deshalb auch nicht erhältliche Raritäten wie „Maßlasch" oder „Eszencia". Die Produktpalette wird durch Destillate und seit kurzem auch durch Sekt ergänzt.
Der Name des Weingutes, „Juris", dient ebenso wie der Barriqueausbau als Unterscheidungsmerkmal zu gleichnamigen Kollegen im Ort. Etwa achtmal im Jahr wird bei den Stiegelmars groß aufgekocht - dann treffen einander Gäste, nach vorhergehender Anmeldung, zur beliebten „Tafelrunde" mit Haubenniveau.

Szigeti
Am Anger 31
7122 Gols
Telefon: 02173/21 67
Fax: 02173/25 14
Peter und Norbert Szigeti gehören zu den anerkanntesten Sekterzeugern Österreichs. Das Wissen über die Sekterzeugung stammt aus der Champagne und wurde nach Gols importiert. In klassischer Flaschengärung mit Champagnerhefe entstehen österreichische Sekte, die durch Reintönigkeit und Finesse bestechen.

Unterkunft und Essen

Hotel und Restaurant Birkenhof
Festwiese 14
7122 Gols
Telefon: 02173/23 46-0
Fax: 02173/24 25-20
E-Mail: birkenhof.gols@netway.at
Ruhig, am Ende der Ortschaft gelegenes Hotel mit Komfortzimmern; ländlich-rustikale Küche. Gute Weinauswahl und ansprechende Weine vom eigenen Weingut.

Information und Tips

Gemeindeamt Gols
Untere Hauptstraße 10
7122 Gols
Telefon: 02173/23 01 oder 23 84
Fax: 02173/3 36 09

Der hl. Urbanus

Nur das Beste aus der Region

Der Seewinkel ist ein Eldorado für Feinschmecker.

Das Graurind ist eine traditionell burgenländische Rasse, die ursprünglich aus ungarischen Gebieten kommt. Es wird im Nationalpark Seewinkel naturnah und freilaufend gehalten. Die Rinderherde umfaßt etwa 120 Stück Vieh. Das Fleisch vom Graurind ist kurzfaserig und kompakt, es eignet sich besonders gut zum Braten, für Geschnetzeltes und für Gulasch sowie als Tafelspitz oder Schulterscherzl. Etwa seit einem Jahr werden die Graurind-Gustostückerln an die Gastronomie geliefert.

Martin Karlo, Rosengasse 1, 7152 Pamhagen, Telefon: 02174/21 26

Das Schwalbenbauchschwein (Mangalizaschwein) gehört zu den ältesten europäischen Schweinerassen. Im Burgenland wurden diese Tiere bis in die 50er Jahre in Weidewirtschaft gehalten. Dann sind durch veränderte Verbrauchererwartungen alle Landrassen, und so auch die Mangalizaschweine als ausgesprochene Speckschweine,

Ein idealer Ausguck

fast gänzlich verschwunden. Durch ihre Wolle sind die Schweine gegen Kälte und Hitze geschützt, deshalb können die Tiere ganzjährig im Freien gehalten werden. Die artgerechte Haltung des Mangalizaschweines in Podersdorf am See ist ein Standort genetischer Reserven im Nationalpark Neusiedler See-Seewinkel.
Josef Waba, Hauptstraße 14, 7141 Podersdorf, Telefon: 02177/22 74

Aale, Zander, Karpfen und Welse (Waller) gedeihen im Neusiedler See sehr gut. Die Hauptsaison ist im März und April sowie im September bis Dezember. Die Fische sind rein biologische Produkte und werden nicht aufgefüttert.
Robert Täubel, Brunnengasse 26, 7122 Gols, Telefon: 02173/35 94

Das Schaf diente den Menschen mit seinem Fleisch, seiner Milch und seiner Wolle seit jeher als Nutztier. Die Produkte kommen auf direktem Weg zu den Kunden; frisches Lammfleisch wird kontinuierlich angeboten, Milchprodukte sind von März bis Oktober erhältlich.
Wolfgang Hautzinger, Jägerweg , 7162 Tadten, Telefon: 02176/26 93

Es ist ein Anliegen der Jagdgesellschaft Wallern, einheimisches Wild aus dem Nationalpark anzubieten. Dabei handelt es sich ausschließlich um Wild, das in freier Natur vorkommt. Zufütterungen mit Kraftfutter werden entschieden abgelehnt, garantiert wird vollkommen natürliches Wildbret. Besonders hinsichtlich Wildbretvermarktung und Wildfleischqualität ist seitens der Jägerschaft gemeinsam mit der Bundesanstalt für Alpenländische Landwirtschaft viel unternommen worden. Das Fleisch vom Wild ist hochwertig, zeichnet sich durch eine zarte Faserung und einen niedrigen Bindegewebeanteil aus, wodurch es leicht verdaulich wird. Wildbret hat einen geringen Fettanteil, weil sich die Tiere in den Revieren frei bewegen können und sich von Kräutern und Gräsern ernähren.
Johann Griemann, c/o Jagdgesellschaft Wallern, Telefon: 02173/3 10 04

Mönchhof

Der „graue" Mönch, so nannten die Zisterzienser den Ruländer (Grauburgunder bzw. Pinot gris), den sie zusammen mit anderen französischen Burgundersorten, dem Blau- und Weißburgunder, hierher brachten. Durch eine Schenkung des ungarischen Königs Andreas I. wurde von den Zisterziensern des Stiftes Heiligenkreuz 1217 ein landwirtschaftlicher Betrieb gegründet, der sich schnell entwickelte und als die älteste Weinbaugemeinde Österreichs gilt. Die Mönche führten den Weinbau mit überwiegend weißen Sorten ein. Die Bodenstruktur ist wechselhaft und komplex; etwa 630 Hektar - bei stark abnehmender Tendenz - sind mit Reben bepflanzt. Die Rotweinsorten wie Zweigelt und Pinot noir sind relativ neu. Alte Kellergassen prägen das Ortsbild. Die barocke Magdalenenkirche ist prächtig ausgestattet, von Martin Altomonte stammt das Altarbild des linken Seitenaltars, die „Krönung Mariens". Im Kloster Marienkron, gegründet 1959, betreiben die geistlichen Schwestern ein renommiertes Kurhaus und ein Hotel. Von Mönchhof aus läßt sich die Golser Riede Gabarinza ebenfalls leicht erreichen. Vorbei an der Riede Satz, die nördlich der B 51, am Ortsanfang von Mönchhof Richtung Gols liegt, erreicht man die Gabarinza. Entlang der Riede Waldäcker gelangt man wieder zum Ausgangspunkt zurück (s. S. 37). Mönchhof liegt nur wenige Kilometer östlich von Gols, verfügt aber auch über einen Autobahnzubringer von der A 4, Abfahrt Mönchhof.

Winzer und Heurige

Weingut Josef Pöckl
Baumschulgasse 12
7123 Mönchhof
Telefon: 02173/8 02 58-0
Fax: 02173/8 02 58-4
www.poeckl.com

Josef Pöckl, seine Frau Theresa und Junior René bewirtschaften zur Zeit 15 Hektar Weingärten, in denen die Rotweinsorten dominieren: Zweigelt, Cabernet Sauvignon (1990 gesetzt), Pinot noir, St. Laurent und Merlot. Insgesamt sind derzeit 80 Prozent der Pöcklschen Rebflächen mit blauen Sorten bestockt, angestrebt werden 95 Prozent. Bei den weißen überwiegen Welschriesling und Chardonnay.

Der Schwerpunkt von Josef Pöckls Arbeit liegt in den Weingärten, die für ihn das Potential bei der Herstellung großer Weine sind. Er achtet auf die den Lagen und Böden entsprechenden Rebsorten und auf genaue Laubarbeit. Außerdem sind für ihn Kellertechnologie und ständiges Verkosten in- und ausländischer Weine bedeutsam, um auf diesem Weg Erfahrungen zu sammeln, die ihm etwa bei der Zusammenstellung einer Cuvée zu Hilfe kommen.

Weißweine werden temperaturkontrolliert in Edelstahltanks vergoren und bereits im späten Winter auf Flaschen gefüllt, um Frucht und Frische zu erhalten. Die Rotweine gären geschlossen im Bottich, der biologische Säureabbau ist selbstverständlich, seit 1989 wird ein Teil in Barriques (Allier, Troncais) ausgebaut; sie werden nach ein- bis zweijähriger Faßlagerung abgefüllt. Die Flaschen tragen markante Etiketten, in Rot-Schwarz gehalten. „Rosso e Nero", quasi der Zweitwein, ist eine Cuvée aus überwiegend heimischen Sorten, die je nach Jahrgang in der Zusammensetzung variiert. „Admiral" (Cuvée) bezeichnet den besten Rotwein eines Jahrgangs. Mit der neuen, sehenswerten Betriebsstätte wurden optimale Arbeitsbedingungen geschaffen.

Information und Tips

Gemeindeamt Mönchhof
Kirchenplatz 11a
7123 Mönchhof
Telefon: 02173/80 21-0
Fax: 02173/8 02 10-8

Dorfmuseum Mönchhof
Familie Haubenwallner
Bahngasse 62
7123 Mönchhof
Telefon: 02173/8 06 42
In liebevoller Kleinstarbeit baute die Familie Haubenwallner eine private Sammlung zu einem umfangreichen Freilichtmuseum aus. Rund um einen typischen Dorfplatz sind Werkstättenzeilen der Handwerker angesiedelt. Weiters ein Verwaltungszentrum im alten Stil, samt Gasthaus mit Wirtshausküche. Geöffnet von April bis Oktober.

Halbturn

Bevor es Richtung Apetlon und Illmitz geht, sollte man einen Abstecher in das drei Kilometer entfernte Halbturn machen. Halbturn wurde nach der Zerstörung durch die Türken komplett neu aufgebaut, wobei man den architektonischen Prinzipien des Barock folgte - breite, gerade Straßen mit einer Wirtschaftsstraße am rückwärtigen Ende der Gebäude. Von dem ehemaligen Barockschloß, das zu Beginn des 18. Jahrhunderts von Lukas von Hildebrandt erbaut wurde, steht nur mehr der Mittelteil des ehemaligen Haupttraktes, allerdings sind hier wunderbare Fresken von Franz Anton Maulpertsch zu sehen. Alljährlich finden im Schloß zwischen Mai und Oktober

Schloß Halbturn

Ausstellungen statt, welche verschiedenste kulturelle Gebiete zum Thema haben. Während der Sommersaison werden wöchentlich Schloßkonzerte abgehalten.

Winzer und Heurige

Weingut Kummer-Schuster
Erzherzog-Friedrich-Straße 9
7131 Halbturn
Telefon: 02172/86 28
Fax: 02172/86 28-4
info@kummer-schuster.com
www.kummer-schuster.com
Fast unbemerkt werden hier gebietstypische Weine produziert. Interessant: Weißburgunder, Chardonnay, die Prädikatsweine und ein guter Sekt.

Information und Tips

Gemeindeamt Halbturn
Wiener Straße 3
7131 Halbturn
Telefon: 02172/86 45
Fax: 02172/86 45-8

Schloß Halbturn
7131 Halbturn
Telefon: 02172/85 94 oder 82 39
1711 von Lukas von Hildebrandt erbautes und 1971 restauriertes Barockschloß; Außenstelle der „Österreichischen Galerie“; verschiedene Ausstellungen sowie Konzerte.

Ortsvinothek Halbturn
Kirchenplatz
7131 Halbturn
Telefon u. Fax: 02172/88 63
oder 80 51
E-Mail: gisch@surfen.at
Im alten barocken Pfarrhof können über 60 Weine, Edelbrände, Traubensäfte und Weinessig verkostet und gekauft werden.
Öffnungszeiten April bis Dezember; Sa., So. und Feiertag von 13 bis 18 Uhr.

Frauenkirchen

Viele Straßen im Seewinkel führen sternförmig nach einem Ort hin: Frauenkirchen. Der Wallfahrtsort Frauenkirchen, der 1982 zur Stadt erhoben wurde, besitzt etwas mehr als 100 Hektar Rebfläche, die zu fast 90 Prozent mit weißen Sorten bepflanzt sind. Das Gemeindegebiet liegt im Bereich der Niederterrasse des Seewinkels. Heideböden - hauptsächlich aus hellfarbigem Donauschotter mit Sand- und Schwarzerdeeinlagerungen - herrschen vor.

Frauenkirchen ist seit über 700 Jahren Wallfahrtsort. Schon 1334 taucht in Urkunden der Name „Zenmaria" auf. Der Name kommt aus dem ungarischen Szent Mária, hl. Maria. In den großen Türkenkriegen von 1529 und 1683 wurde die Wallfahrtskirche jedesmal zerstört - nur die Marienstatue aus dem 13. Jahrhundert überstand die Zerstörungen. Der heutige barocke Bau, beauftragt von Fürst Paul I. von Esterházy, wurde 1702 von Francesco Martinelli fertiggestellt und beeindruckt durch sein reichhaltiges Innenleben, die Fresken schuf Luca Antonio Columba. 1990 wurde die Kirche in den Rang einer Basilika erhoben.

Die Basilika von Frauenkirchen

Weitere sehenswerte Punkte stellen das Franziskanerkloster mit Kreuzgang, die Rochuskapelle, das Esterházy-Schlößl, das heute als Schule dient, und das alte Brauhaus dar. Durch seine zentrale Lage im Seewinkel, an der B 51, sechs Kilometer südlich von Mönchhof gelegen, ist Frauenkirchen zugleich Einkaufszentrum und Touristenattraktion.

Ried Hallebühel

Das Wort „Hallebühel" kommt aus der Mundart und bedeutet soviel wie „Hügel". Während der Türkenbelagerung Wiens diente die Erhebung als „Aussichtsberg". Die Hallebühel ist die beste Lage Frauenkirchens - allerdings frostgefährdet. Die Böden sind kiesig, sandig, warm und nicht zu trocken sowie sehr mineralisch. Der Magnesiumanteil wirkt sich sehr günstig auf die Assimilation aus, die Sonnen-

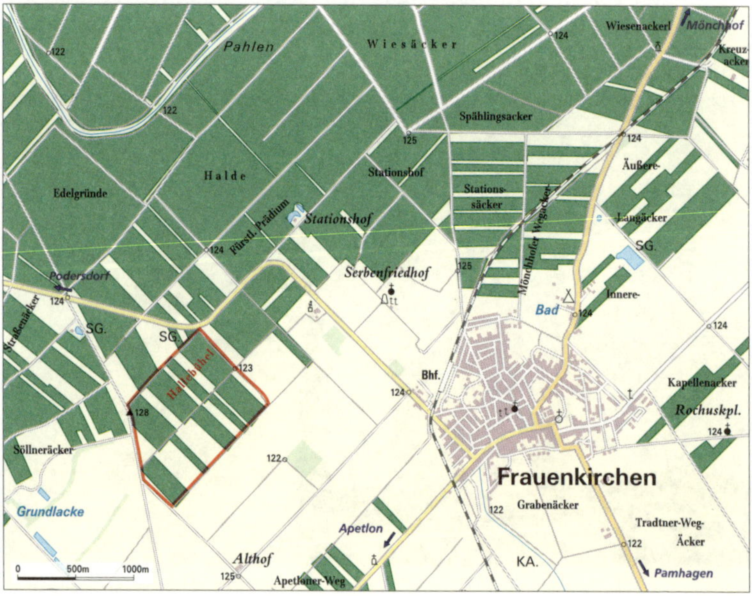

energie wird besser ausgenützt; weiters ist Mangan enthalten. Zweigelt, Blaufränkisch und Cabernet Sauvignon sowie St. Laurent stehen hier in Ertrag. Große, geschlossene Weingärten prägen das Landschaftsbild und lösen damit die vorherrschenden Gemüsekulturen ab. Die Ried Hallebühel liegt etwa zwei Kilometer westlich von Frauenkirchen an der Straße nach Podersdorf und ist leicht begehbar.

Winzer und Heurige

Weingut Familie Umathum
St. Andräer Straße 7
7132 Frauenkirchen
Telefon: 02172/24 40
Fax: 02172/21 73-4
E-Mail: office@umathum.at
www.umathum.at

Gegründet wurde der Betrieb erst Anfang der sechziger Jahre mit 4 Hektar Weingärten (heute 21), die im Laufe der Zeit durch Kauf sowie den Tausch von Lagen verbessert und erweitert werden konnten.

Josef Umathum ist einer der besten unter den österreichischen Winzern. Die Linie der feinen und fruchtigen, aber nicht üppigen und breiten Struktur der Weine war für Josef Umathum vorgegeben, denn noch zu Zeiten, als das Weingut als gemischte Landwirtschaft geführt wurde, schätzte man im Hause Umathum diesen Charakter bei Weinen. Josef Umathum, seit 1985 der Betriebsleiter des Weingutes, hat diese Tradition prinzipiell unter Beachtung der natürlichen Vorgaben des Gebietes beibehalten, steht aber neuen Erkenntnissen offen gegenüber. Nach einigen Besuchen in Burgund wurde demnach die Vinifizierung teilweise geändert - was vor allem den Einsatz von Barriques und den Säureabbau betrifft, der Weinen aus den Burgundersorten zugute kommt. Josef Umathum setzt sich ständig mit den Produkten seiner Kollegen auseinander und nimmt an Verkostungen in- und ausländischer Weine teil, um zu wissen „wo man steht". Auch die eigene Reben-Selektion ist ihm ein besonderes Anliegen.

Einen Schwerpunkt in der Weinbereitung stellen - eher unüblich in Österreich - die Cuvées beim Weiß- sowie beim Rotwein dar. Eine Ausnahme bildet der Pinot gris in großen Jahrgängen. Bei der weißen Cuvée soll die Säure nicht zu hoch liegen, die Weine jedoch fruchtbetont, frei von Botrytis und nicht zu üppig sein. Die Hauptsorten der weißen Cuvée sind Pinot gris, Pinot blanc und Chardonnay, der Sauvignon blanc trägt seine Fruchtnote bei. Josef Umathum achtet auf die Lagerfähigkeit der Weißweine und forciert nicht unbedingt die unkomplizierten, jung zu trinkenden, außer beim Welschriesling. Beim Rotwein strebt er in erster Linie Bekömmlichkeit an: das bedeutet weiche Tannine sowie Frucht - und zwar auf drei Linien. Einerseits die Basis eines traditionell ausgebauten, relativ früh trinkbaren und preisgünstigen Weines (Zweigelt mit 40 Prozent Anteil an der Gesamtproduktion), weiters die qualitativ hochstehenden, in kleinen Fässern ausgebauten Rotweine wie St. Laurent und Pinot noir (seit 1993), andererseits die Toplinie mit der barriquegereiften Cuvée „Hallebühl" aus Zweigelt, Cabernet Sauvignon und etwas Blaufränkisch. Beim Barriqueausbau liegt - je nach Jahrgang - der Anteil von neuem Holz zwischen 50 und 70 Prozent, je nach Qualität und Sorte wird der Wein in den kleinen Fässern 12 bis 15 Monate gelagert. Süßweine erzeugt Josef Umathum als „Spielerei", wenn genügend Botrytis und auch Trauben vorhanden sind.

Unterkunft und Essen

Landgasthof Altes Brauhaus
Kirchenplatz 27
7132 Frauenkirchen
Telefon: 02172/22 01 oder 22 17
Wintersperre 7. Januar bis 10. März
Ehemalig fürstliches „Virths- und Brayhaus" des Landesfürsten Esterházy. Das Alte Brauhaus ist der älteste Landgasthof des Seewinkels. Seit mehr als 300 Jahren steht dieses Gebäude am Kirchenplatz gegenüber der Basilika seinen Gästen zur Verfügung. Bodenständige Küche; Arkadenhof, Gewölbestüberl, schattiger Garten mit Arkaden.

Information und Tips

Gemeindeamt Frauenkirchen
Amtshausgasse 7
7132 Frauenkirchen
Telefon: 02172/23 00-0
Fax: 02172/23 00-2

Vinothek Sailer & Sailer
Kirchenplatz 27
7132 Frauenkirchen
Telefon: 02172/33 18
Fax: 02172/33 92
Vinophon 0664/4 10 96 97
Top-Weine aus dem gesamten Burgenland.

Radwandern

In Frauenkirchen beginnt der Kulturradweg „B 23", der nach Mönchhof, Halbturn, St. Andrä am Zicksee, Gols und wieder zurück nach Frauenkirchen führt. Die Gesamtwegstrecke beträgt etwa 34 Kilometer und geht nur zwischen Mönchhof und Halbturn über kleine Steigungen. Der ideale Radweg für einen gemächlichen Ausflug im Seewinkel.

Andau

Die Ortschaft Andau liegt 16 Kilometer südöstlich von Frauenkirchen am Rand des Hanságs, eines riesigen Niedermoors, das heute zum größten Teil trockengelegt und landwirtschaftlich genutzt wird. Noch vor dreißig Jahren dehnten sich hier endlose Wiesenflächen mit hohem Wildbestand aus. Als Besonderheit ist die Großtrappe zu erwähnen, die in Österreich sonst nur mehr in den Marchauen vorkommt. 1973 entstand ein kleines Naturschutzgebiet, um diesem Vogel eine unberührte Fläche zu erhalten und um seinen Bestand zu sichern.

Information und Tips

Tourismusverband
Telefon: 02176/26 10-0
Fax: 02176/26 10-4

Gemeindeamt Andau
Hauptgasse 8
7163 Andau
Telefon: 02176/23 01-0
Fax: 02176/23 01-19

Radwandern

Durch Andau führt auch der 53 km lange Hanság-Radweg, „B 22", der auch das Trappenschutzgebiet umschließt. Der südlichste Punkt liegt im sogenannten Waasen-Hanság, direkt an der ungarischen Grenze, der nördlichste Punkt führt nach Halbturn, wo er auf den Kultur-Radweg, „B 23", trifft.

Apetlon

Wenn man von Wallern, das 15 Kilometer südlich von Frauenkirchen an der B 51 liegt, nach Westen auf der B 52 Richtung Apetlon fährt, ist die Straße von alten Bäumen, meist Maulbeerbäumen, gesäumt, die im Sommer über und über mit süßen dunklen Beeren bedeckt sind.
Apetlon liegt im Landschaftsschutzgebiet Seewinkel, das sich vor allem durch seine Lacken und die interessante Tier- und Pflanzenwelt einen hohen Bekanntheitsgrad erworben hat. Es gibt in Europa drei wichtige Schutzgebiete für seltene Vogelarten: den Coto Dognana in Südspanien, die Camargue in Südfrankreich und hier im Seewinkel die Lange Lacke. Unter Lacken versteht man im Burgenland

Klassischer Seewinkel

seichte Wasserflächen, die auch die Größe eines Sees oder Teichs erreichen können.
In der Nähe Apetlons befindet sich zudem der tiefste Punkt Österreichs in 114 Meter Seehöhe. Knapp 1.000 Hektar Weingärten mit 85 Prozent Weißweinanteil stehen heute im Ertrag. Die interessantesten Weingärten befinden sich auf den unzähligen Schotterkegeln.

Auf Erkundungstour

Lange Lacke

Ein markierter Weg, der Parkplatz befindet sich zwei Kilometer außerhalb Apetlons an der B 52 auf dem Weg nach Wallern, führt durch diese einmalige Kulturlandschaft. Die Gehzeit um die Lange Lacke beträgt zwischen zwei und drei Stunden. Man kann auch mit dem Pferd oder im Pferdewagen diese Region kennenlernen.
Hier herrscht eine steppenartige Vegetation - unterbrochen von langen Weinstockreihen - vor, wie sie sonst nur noch in Südrußland und in Zentralasien anzutreffen ist. Zahlreiche seltene Vogelarten fühlen sich hier wohl: Graureiher, Silberreiher, Kiebitz ... Seltene Insekten und eine einmalige Flora machen das Gebiet um die Lange Lacke zu einem einzigartigen Gebiet in Mitteleuropa.

Winzer und Heurige

Weinbau Velich

Seeufergasse 12
7143 Apetlon
Telefon u. Fax: 02175/31 87

Die Brüder Roland und Heinz Velich, gemeinsam mit ihrem Vater Helmut für die Weinbereitung verantwortlich, vinifizieren ihre Weine mit einer modernen Stilistik, ohne gänzlich auf Tradition zu verzichten; sei es bei der Auswahl der ausschließlich weißen Rebsorten, sei es in der Kellertechnologie. Es werden Weine produziert, die zunehmend im Ausland geschätzt werden: trockene Weißweine und schlanke Prädikatsweine - ohne überhöhten Restzucker, mit genügend Alkoholgehalt und passender Säure; eine Aufzuckerung bei den trockenen Weinen ist weder notwendig noch erwünscht. Überdies wird versucht, die Fruchtigkeit der Prädikatsweine zu erhalten und zu betonen. Auf „Strohweine" und ähnliche Produkte wird vollkommen verzichtet, weil sie nicht in die Velichsche Philosophie hineinpassen; angestrebt wird - je nach Jahrgang - der botrytisbetonte und naturbelassene Wein. Auf dem Etikett werden die Prädikatsstufen nicht erwähnt, sondern nur „Qualitätswein mit staatlicher Prüfnummer" angegeben. Zwei Weine ragen aus dem Angebot heraus: der barriqueausgebaute, buttrige Chardonnay „Tiglat" - eine alte Riedbezeichnung - und die ebenfalls in kleinen Holzfässern vinifizierte Cuvée „Vitezfeld" aus Neuburger und Chardonnay.

Ziehbrunnen

Unterkunft und Essen

Hotel und Feriendorf Pannonia
Villa Vita
Storchengasse 1
7152 Pamhagen
Telefon: 02175/21 80
Fax: 02175/21 80-444
Zwischen Wallern und Apetlon, etwa 25 Kilometer südlich von Mönchhof gelegen. Eine wunderschöne Anlage mit Hotel und Appartement-Häusern im ländlichen Stil. Viele Sportaktivitäten: Radfahren, Reiten ... Bestens ausgeschildert.

Information und Tips

Gemeindeamt Apetlon
Kirchengasse 1a
7143 Apetlon
Telefon: 02175/22 20
Fax: 02175/22 20-15

Nationalpark Vinothek
Ernst Steindorfer
Illmitzer Straße 25
7143 Apetlon
Telefon: 02175/22 41
oder 0664/4 00 06 07
Fax: 02175/22 41-4
Wenn der Winzer mal nicht zu Hause ist, hier werden Sie fündig. U. a. Top-Produzenten wie Alois Kracher, Gernot Heinrich im Programm.

Illmitz

Von Apetlon ins drei Kilometer entfernte Illmitz führt eine malerische, von Bäumen gesäumte Straße. Die Weingärten befinden sich links und rechts der Straße, die auch von einem Radfahrweg begleitet wird. Der salzige Geruch läßt den nahen See erahnen.

Erst nach dem Zweiten Weltkrieg begann in Illmitz ein nennenswerter Weinbau, obwohl schon im Jahre 1598 zum ersten Mal ein Weingarten urkundlich erwähnt wurde. Um 1880 traf die Reblauskatastrophe den Ort so schwer, daß es 1895 hier nur noch 63 Hektar Weinbaufläche gab - derzeit sind es etwa 1.500. Unmittelbar nach der Jahrhundertwende wurden in der Ried Obere Teilung die ersten Weingärten auf Sandböden angelegt, weil diese der Reblaus standhielten. Auch heute können Rebkulturen ohne amerikanische Unterlagsreben angelegt werden, weil die Reblaus in Sandböden nicht existieren kann.

Dunkle Böden - gute Böden

Das Gemeindegebiet gehört geographisch schon zur Pußta, 800 Hektar sind Naturschutzgebiet. 85 Prozent der Weingärten sind mit weißen Sorten bepflanzt. Neben dem zunehmend trockenen Ausbau weißer Kabinett- und Spätleseweine, unter denen der Welschriesling bis zu 60 Prozent dominiert, und nur in Ausnahmefällen überzeugender Rotweinherstellung wa-

ren und sind es Prädikatsweine, die den weltweiten Ruf von Illmitz ausmachen.
Illmitz ist die größte Prädikatsweingemeinde Österreichs und mit 117 Meter Seehöhe die am tiefsten gelegene Ortschaft Österreichs. Im August und im September weist dieser Ort die durchschnittlich höchste Lufttemperatur von allen Gemeinden rund um den See auf. Einen großen Vorteil für Qualitätserzeugung von Prädikatsweinen stellen der nahe Neusiedler See und die vielen kleinen Lacken in der Umgebung dar. Die in manchen Jahren extrem hohe Wasserverdunstung trägt wesentlich dazu bei, die begehrte Edelfäule (Botrytis cinerea) hervorzurufen.
Ausgedehnte Rad- und Spazierwege führen durch das Gebiet. Besonders reizvoll sind Pferdewagenfahrten, auf denen sich die Region am besten erkunden läßt.

Ried Teilung / Hölle

Illmitz bietet dem Besucher einiges. Seien es die schönen alten Giebelhäuser oder die rohrgedeckte Kreuzscheune in der Mitte der Gemeinde beziehungsweise das barocke Florianihaus, das am besten erhaltene Seewinkler Bauernhaus. Zum Erkunden der Umgebung mit dem Rad fährt man am besten Richtung See und stellt sein Auto am Parkplatz der großen Zicklacke ab. Von dort aus begibt man sich auf den nicht asphaltierten Wegen vorbei an der Ried Teilung nach Norden Richtung Hölle - über den Ursprung dieses Flurnamens weiß allerdings niemand so genau Bescheid. Im Bereich der Oberen Teilung wurden die ersten Weingärten auf Sandböden Anfang des 20. Jahrhunderts angelegt.
Die Landschaft mit ihren zahlreichen kleinen Salzlacken hat Steppencharakter, Fauna und Flora ähneln der im Apetloner Naturschutzgebiet. Hier herrschen großteils Sandböden mit Weinkulturen vor, die die Reblauskatastrophe unbehelligt überstanden haben. Die

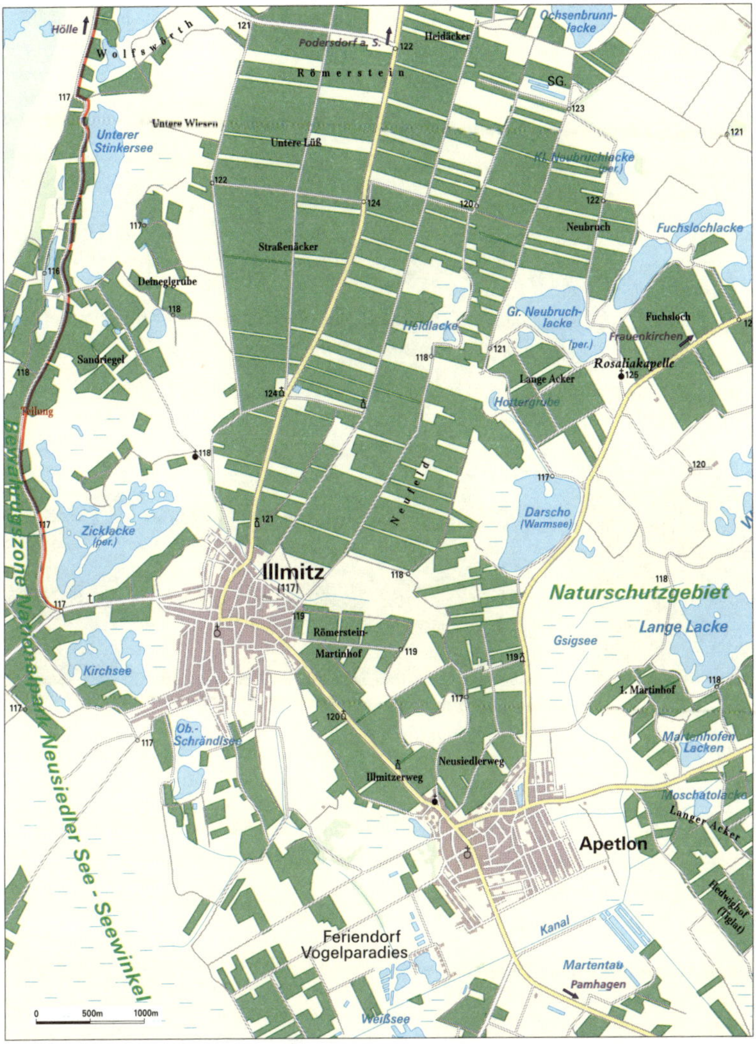

anderen Böden sind zumeist schwarzerdig und ergeben zusammen mit dem Kleinklima (Seenähe) sehr gute Voraussetzungen für die hohen Prädikatsweine aus den Sorten Sämling, Welschriesling, Chardonnay und Bouvier.

Nationalpark Neusiedler See - Seewinkel

Der einzige Steppennationalpark Mitteleuropas ist ein gemeinschaftlicher, grenzüberschreitender Nationalpark mit Ungarn. Das erklärte Ziel ist der Schutz der Lebensgemeinschaften des Neusiedler See-Gebietes (See, Zicklacke, Feuchtwiesen, Trockenrasen) und die langfristige Schonung des Vogelparadieses und der Standorte der vielfältigen Pflanzenwelt.

Die Teilgebiete der Bewahrungszone im Nationalpark sind auf Rad- und Wanderwegen jederzeit erreichbar. Aus Naturschutzgründen gilt das Wegegebot: das Betreten von Wiesengebieten, Lacken und Schilf ist strikt untersagt. Das Nationalpark-Informationszentrum ist ganzjährig geöffnet.

Ein dichtes Wegenetz zum Wandern oder Radfahren (Autos sind verboten) erleichtert das Beobachten und Fotografieren. Hochstände sorgen für besten Überblick. Die Ankunft der Zugvögel im Frühjahr, die Brutzeit, die blühenden Orchideen im Mai und Juni und der herbstliche Vogelzug zählen zu den Höhepunkten des Nationalparks.

Winzer und Heurige

Weinbau Martin Haider
Seegasse 16
7142 Illmitz
Telefon: 02175/23 58 oder
0664/4 15 40 72
Fax: 02175/23 58-4

Martin Haider kann neben Alois Kracher senior als Doyen der Seewinkler Süßweinproduktion gelten. Die Tradition des Weinbaus geht in der Familie Haider auf das Jahr 1870 zurück. 1970 begann Martin Haider mit 1,5 Hektar und 1971 mit der ersten Trockenbeerenauslese die Vinifizierung von Prädikatsweinen. Heute befinden sich die besten Weingärten mit einer Größe von etwas über vier Hektar, von insgesamt zehn, direkt am See mit überwiegend Sand- und Schotterböden. Die qualitativen Schwerpunkte des Betriebs liegen im traditionellen Ausbau von Spätlesen, Beerenauslesen und Trockenbeerenauslesen, während die Eisweine und Rotweine - wie im ganzen Gebiet - eher atypisch und problematisch sind. Die Sorten- und Ausbauvielfalt ist groß, aktuell werden über 40 Weine angeboten.

Helmut Lang
Quergasse 5
7142 Illmitz
Telefon u. Fax: 02175/29 23

Helmut Lang ist ein Spezialist für hohe Prädikatsweine im eher klassischen Ausbaustil - hoher Restzucker, geringer Alkoholgehalt. Die Weine dieses relativ jungen, aber international oft prämierten Weinguts aus den Sorten Welschriesling, Sämling 88, Weißburgunder, Pinot gris und Chardonnay sind meist opulent, dennoch fruchtig. Der Barriqueausbau zeugt vom Bemühen, eine schlankere, modernere Richtung zu finden.

Weinlaubenhof -
Alois & Alois Kracher
Apetloner Straße 37
7142 Illmitz
Telefon: 02175/33 77-0
Fax: 02175/33 77-4
www.kracher.net

Die heute qualitätsmäßig besten Lagen wurden erst in den 60er Jahren ausgepflanzt, wo vorher Viehweiden, Getreidefelder und zum Teil Sumpf gewesen waren.
Alois Kracher setzt die Tradition seines Vaters, erweitert um seine eigenen Ideen, fort. Die Trauben werden während der Lese extrem und mehrmals selektioniert; für eine Beerenauslese werden nur 500 Liter pro Hektar geerntet. Diese aufwendige und exakt durchzuführende Arbeit wird von der Familie und vertrauten Helfern geleistet. Die Vinifizierung ist - außer was den Einsatz von Barriques betrifft - als konservativ im besten Sinne des Wortes, nämlich als bewahrend, zu beschreiben: Sorgfalt und Sauberkeit im Keller, möglichst wenig Eingriffe in den Wein, umweltschonende Methoden. Nicht die Süße soll im Vordergrund stehen, auch nicht der hohe Alkoholgehalt, sondern Finesse und Langlebigkeit möchte Alois Kracher erzielen.
Er ist zur Zeit vor allem mit dem Barriqueausbau im Prädikatsbereich unbestreitbar die Nr. 1 in Österreich und braucht internationale Vergleiche nicht zu scheuen. „Nouvelle Vague“ (nach Jean-Luc Godard) bezeichnet die barriquevinifizierten Prädikatsweine; die kleinen Holzfässer kommen übrigens aus derselben Faßbinderei, die auch Château d'Yquem beliefert. Die Stilistik erinnert an Sauternes: der Alkoholgehalt liegt bei etwa 13 Vol.-%, der Zuckerrest meist zwischen 50 und 70 Gramm und damit eher niedrig. „Zwischen den Seen“ steht für die üblicherweise traditionell, in gebrauchten 300-Liter-Akazienfässern ausgebauten Süßweine; der Name kommt vom Standort der Reben in Lagen zwischen den vielen kleinen Seen, den sogenannten Lacken, im Seewinkel. Der Restzucker ist höher, bis zu 250 Gramm, der Alkoholgrad beträgt ungefähr 10 Prozent. Die letzten Jahrgänge erbrachten grandiose Prädikatsweine mit hohen Extraktwerten und passender Säure.

Unterkunft und Essen

Hotel Nationalpark
Familie Salzl
Apetloner Straße 56
7142 Illmitz
Telefon: 02175/36 00-0
Fax: 02175/36 00-4
salzl@hotel-nationalpark.com
www.hotel-nationalpark.com
Ein modernes Hotel mit 35 Zimmern und Appartements, Restaurant mit bodenständiger Küche und Tagungsräumen. Das Hotel liegt direkt am Nationalpark.

Restaurant Presshaus
Familie Haider
Apetloner Straße 13
7142 Illmitz
Telefon: 02175/27 30
Fax: 02175/23 00
Ein neues Restaurant mitten im Ort; verfeinerte, regionale Küche, mit sehr guter Weinauswahl. Kleine Terrasse.

Information und Tips

Tourismusverband
Obere Hauptstraße 2–4
7142 Illmitz
Telefon: 02175/23 83
Fax: 02175/23 83-4
E-Mail: illmitz@illmitz.co.at

Informationsbüro des Nationalparks
Obere Hauptstraße 2–4
7142 Illmitz
Telefon: 02175/34 42

Informationszentrum Nationalpark
Hauswiese
7142 Illmitz
Telefon: 02175/34 42
Fax: 02175/34 42 4
Der Nationalpark Neusiedler See wurde 1993 gegründet. Geführte Wanderungen in allen Teilgebieten des Nationalparks finden mindestens zweimal wöchentlich statt.

Pferdekutschenfahrten in den Nationalpark
Gerhard Gangl
7142 Illmitz
Ufergasse 34
Telefon: 02175/23 82
Fax: 02175/28 06

Die Legende vom heiligen Martin

Daß die Gans gerade zum Namenstag des Heiligen als gebratene Köstlichkeit auf die burgenländischen Tische kommt, hat einen guten Grund: die Bescheidenheit des Martinus, der im Jahr 371 in Szombathely/Steinamanger zur Welt gekommen ist. Es ereilte ihn nämlich der Ruf der Kirche, Martin sollte Bischof in Gallien werden. Er aber hielt sich nicht für würdig zu solch einem Amt und versteckte sich, in der Hoffnung, dieser Kelch möge an ihm vorübergehen. Doch die schnatternden Gänse verrieten ihn.
Eine andere Überlieferung berichtet, daß eine Schar schnatternder Gänse eine Predigt Martins gestört hätten, worauf sie gefangengenommen und zu einer Mahlzeit verarbeitet worden wären - zu unserem Glück büßen sie dafür bis heute.
Zahlreiche andere Legenden ranken sich um den hl. Martin, den der Vatikan am 10. Dezember 1924 zum Patron des Burgenlandes bestimmte. Für das Burgenland vielleicht noch wichtig, daß Martin als Patron auch für Winzer und Hoteliers sowie Gastwirte zuständig ist.

Podersdorf

Podersdorf liegt etwa elf Kilometer nördlich von Illmitz und wurde nach den Grafen Poth benannt. Die ausgedehnten Rebflächen von Podersdorf, eine der größten Weinbaugemeinden Österreichs, am Ostufer des Neusiedler Sees sind ein geschlossenes Weingebiet von cirka 700 Hektar. Südlich der Ortschaft dominieren sandige Böden, im nördlichen Bereich Schwarzerde - früher waren es Wiesen, Hutweiden oder Sumpfgebiet, also keine Weingärten. Eine der besten Rieden - Wüste - wurde an den Nationalpark verkauft. Der Ort hat als einzige Gemeinde am Neusiedler See einen schilffreien Zugang zum Wasser mit langen Badestränden. Wahrzeichen des Ortes ist die 200

Jahre alte Windmühle an der Mühlstraße, Richtung Illmitz. Podersdorf ist ein typischer Fremdenverkehrsort mit zahlreichen Fremdenpensionen, Restaurants und Kellerlokalen sowie einem großen Campingplatz direkt am Seeufer und einem Jachthafen. Kutschenfahrten und Reitmöglichkeiten gehören wie in den anderen Gemeinden des Seewinkels neben diversen Sportmöglichkeiten zum touristischen Repertoire.

Winzer und Heurige

Julius Steiner
Seezeile 2
7141 Podersdorf am See
Telefon: 02177/27 43
Aus etwa 30 Jahre alten Anlagen von Weißburgunder werden trockene Spätlesenerzeugt. Grauburgunder, Chardonnay und Traminer werden meist traditionell süß ausgebaut. Einer der ersten Betriebe vor Ort, die die natürlichen Ressourcen ausschöpften. Heute gehört er zu den besten.

Unterkunft und Essen

Gasthaus Zur Dankbarkeit
Hauptstraße 39
7141 Podersdorf am See
Telefon u. Fax: 02177/22 23
Pannonische Küche auf höchstem Niveau, wie die begehrte jiddische Hühnerleberpastete oder die Fischsuppe mit Neusiedler See-Fischen; sehr gute Eigenbauweine (Tip: Grauburgunder, Prädikatsweine). Gastgarten. Eigener Parkplatz.

Information und Tips

Tourismusbüro
Hauptstraße 2
7141 Podersdorf
Telefon: 02177/22 27
Fax: 02177/21 70

Von der richtigen Serviertemperatur

Wichtig für den Wohlgeschmack eines Weines ist die Temperatur, mit der er serviert wird. Die individuellen Aromen und der Geschmack am Gaumen können sich nur bei bestimmten Temperaturen entfalten und optimal zum Ausdruck kommen. Serviert man einen Wein zu warm oder zu kalt, so kann es sein, daß selbst der beste nicht goutiert wird. Je nach Jahreszeit und Raumtemperatur sollte man den Wein um 2 bis 4 Grad kälter bzw. wärmer offerieren und berücksichtigen, daß er sich im Glas mehr oder weniger schnell erwärmt.

Serviertemperaturen

Chardonnay (Morillon)	
klassisch	8-10 °C
Chardonnay Barrique	10-12 °C
Grüner Veltliner jung	6-8 °C
alt, ausgereift	10 °C
Riesling jung	6-8 °C
alt, höhere Prädikate	9-10 °C
ab Auslese aufwärts	10-12 °C
Sauvignon blanc	
einfache Qualitäten	6-8 °C
höhere Prädikate	10 °C
Weißburgunder	
einfache Qualitäten	6-8 °C
höhere Qualitäten	9-10 °C
Welschriesling	
einfache Qualitäten	6-8 °C
höhere Prädikate	9-10 °C
Neuburger	
einfache Qualitäten	6-8 °C
höhere Prädikate	8-10 °C

Gelber Muskateller	6-8 °C
Rosé	6-8 °C
Blauer Burgunder (Pinot noir)	
jung, einfach	13 °C
alt, gehaltvoll	15 °C
Blauer Portugieser	12-13 °C
Blauburger	13-14 °C
Blaufränkisch	12-14 °C
Cabernet Sauvignon/Cuvées	
einfache Gewächse	14-15 °C
gehaltvolle Weine	16 °C
St. Laurent	
einfache Qualitäten	12-14 °C
höhere Qualitäten	14-16 °C
Zweigelt	12 °C
Eiswein, Beerenauslese, Trockenbeerenauslese, Ausbruch, Strohwein	9-10 °C

NEUSIEDLER SEE-HÜGELLAND

Weinbaugebiet Neusiedler See

Die Landschaft des Weinbaugebietes Neusiedler See-Hügelland mit etwa 6.300 Hektar Weingärten wird von Rebflächen, Wasser und Schilf geprägt. Die besten Weine kommen aus den Orten am Westufer des Neusiedler Sees und aus dem Raum Eisenstadt, wofür einerseits die meist kalkreichen Böden der Abhänge des Leithagebirges beziehungsweise des Ruster Hügellandes, andererseits der klimatische Einfluß des Neusiedler Sees die Grundlage bilden.

Weinbau hat in der Region Tradition. Bei der Errichtung des sogenannten Ostwalls gegen Ende des Zweiten Weltkriegs stieß man bei Zagersdorf auf keltische Hügelgräber, die erst 1985 wissenschaftlich

untersucht und auf 700 vor Christus datiert wurden. Dabei fand man die Reste von Traubenkernen, die als einer der ältesten Beweise für die Existenz von Reben in Österreich gelten.

Das Leithagebirge ist geographisch wie geologisch Teil der Fortsetzung der Nordostalpen. Das alte, kristalline Grundgebirge, vor mehr als einer Milliarde Jahren entstanden, beinhaltet Gneis- und Glimmerschieferelemente. Darüber befinden sich tertiäre Meeresablagerungen, der sogenannte Leithakalk, der Einschlüsse von Schnecken und Muscheln aufweist. Die Gesteinsformation des Leithagebirges und des Ruster Hügelzuges machte man sich zunutze, um daraus Baumaterial zu gewinnen. Aus den Steinbrüchen von St. Margarethen und Breitenbrunn wurde in vielen Fällen das Material für die Errichtung der Wiener Monumentalbauten gegen Ende des 19. Jahrhunderts gewonnen.

Das pannonische Klima wird durch einen milden Frühling, einen heißen, trockenen Sommer und einen meist schönen Herbst charakterisiert. Wie auch im östlich angrenzenden Weinbaugebiet Neusiedler See, trägt der See wesentlich zur Bildung des Pilzes Botrytis cinerea bei und ermöglicht das Keltern von Süßweinspezialitäten, wie etwa Ruster Ausbruch.

Die burgenländische Küche - seit Jahren auf dem Höhenflug - ist ein Spiegelbild der geographischen Lage: Am Schnittpunkt des ehemaligen österreichisch-ungarischen Kaiserreiches, zwischen Wiener, ungarischer und slowakischer Tradition, beeinflußt von türkischen, kroatischen und jüdischen Elementen, entwickelte sich eine reizvollverführerische kulinarische Landschaft.

Eisenstadt

Im Jahr 1264 wurde die heutige Landeshauptstadt Eisenstadt, die seit 1925 diese Aufgabe erfüllt, erstmals urkundlich erwähnt. Seit dem 14. Jahrhundert spielen der Weinbau und der Weinhandel eine große Rolle für die Bewohner. 1648 wurde Eisenstadt zur Freistadt erhoben, als Gegenleistung zahlten die Eisenstädter unter ihrem Bürgermeister Paul Eisforth 16.000 Gulden sowie 3.000 Eimer Wein im Wert von 9.000 Gulden. Eine wesentliche Prägung in wirtschaftlicher und kultureller Sicht erhielt die Stadt durch die Fürstenfamilie Esterházy, die das Schloß 1649 erwarb und im barocken Stil umbau-

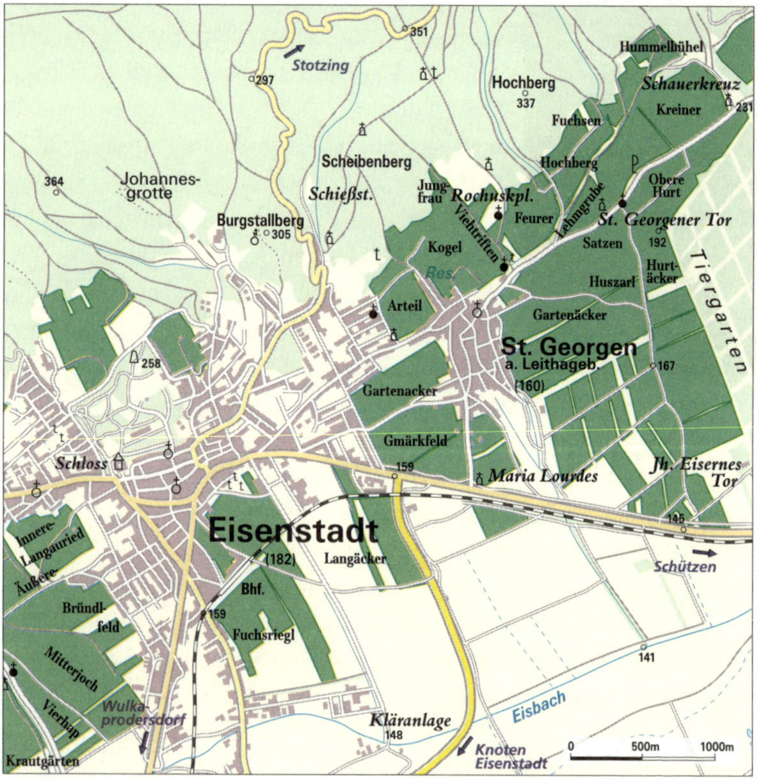

en ließ. Kulinarisch verewigt ist der Name Esterházy in einer Rahmsauce mit feinen Streifen von Wurzelwerk und etwas Zitronenschale sowie gehackten Kapern, die zu Rinderbraten oder Rindsschnitzeln gereicht wird. 1761 wurde der Komponist Joseph Haydn von Fürst Paul Anton Esterházy als Kapellmeister ans Schloß geholt. Um dieselbe Zeit wurden eine Apotheke, die besonders sehenswert ist, und das Spital der Barmherzigen Brüder gegründet. Das Stadtzentrum geht auf die zweite Hälfte des 17. Jahrhunderts zurück. Vom Schloß Esterházy aus läßt sich eine Stadterkundung am besten beginnen, alle Sehenswürdigkeiten sind bequem zu Fuß zu erreichen. Nur ein paar Gehminuten vom Schloß entfernt befindet sich in der Meierhofgasse das Burgenländische Landesmuseum, in dem über 70.000 Exponate burgenländischer Geschichte zu bewundern sind. In der Haydngasse 21, ebenfalls in der Nähe des Schlosses, liegt das Wohnhaus des weltberühmten Komponisten Joseph Haydn, in dem er von 1766 bis 1788 lebte. Im Stadtteil Oberberg, gegen Kleinhöflein gelegen, thront die Bergkirche mit dem Kalvarienberg und dem Haydnmausoleum, der letzten Ruhestätte des Komponisten, der viele seiner Messen für diese Kirche komponierte.

Charakteristisch für das Burgenland sind im rechten Winkel zur Straße angeordnete, langgestreckte, dicht aneinandergebaute Häuser, die das Dorfbild prägen. Diese Siedlungsform, das Straßendorf, ist im Prinzip auch noch in Eisenstadt erkennbar. Sehr oft waren die Bauten mit Arkadeninnenhöfen ausgestattet, in der Nähe des Neusiedler Sees oft mit Schilf gedeckt. Diese Art der Dachdeckung ist heute nur mehr selten anzutreffen. Ein Grund für die Entwicklung des Straßendorfcharakters liegt, wie so oft bei manchen nicht sofort einsichtigen Gegebenheiten, im Bereich des Fiskalisch-Pekuniären. Früher wurden Abgaben nach der Länge der Straßenfront erhoben, also baute man möglichst schmal; typisch sind ein Tor und zwei Fenster. Die Höfe der Häuser werden gerne mit getrockneten, an den Blättern aneinandergebundenen Kukuruz(Mais-)kolben geschmückt - ein

Bild, das sich mittlerweile als typisch burgenländisch manifestiert hat.
Ebenfalls schmal, nämlich so wie ein Hosenträger, sind die „Hosenriemenäcker“ und auch die Weingärten. Sie entstanden aufgrund der üblichen Erbteilung: um niemanden zu benachteiligen, wurden Felder und Rebflächen nicht als Ganzes vererbt, sondern in Streifen aufgeteilt. Allerdings sind diese Ackerformen im Verschwinden begriffen, da durch Grundzusammenlegungen neue, größere Bewirtschaftungsflächen entstehen.
Eisenstadt, mit den Ortsteilen Kleinhöflein im Westen und St. Georgen im Osten, ist eine Hangsiedlung im südwestlichen Teil des Leithagebirges, die in die Ebene des Flüßchens Wulka übergeht. Dominant wirkt hier das pannonische Klima, die klimatischen Einflüsse des Neusiedler Sees sind von geringerer Natur. Ungefähr 850 Hektar Rebfläche werden bewirtschaftet, die zu 80 Prozent mit weißen Sorten bepflanzt sind.

Der einfachste Weg in das Weinbaugebiet führt von Wien über die A 2, die Südautobahn, und über die A 3 Richtung Eisenstadt; von der Ausfahrt Müllendorf über die B 59 nach Großhöflein und Eisenstadt Zentrum; von der Ausfahrt Eisenstadt Süd über die B 52 nach Rust, Mörbisch und Oggau; vom Ende der Umfahrungsstraße auf die B 50 nach St. Georgen, Schützen, Donnerskirchen und Purbach (Entfernung Wien - Eisenstadt etwa 50 km).
Eine andere Anfahrtsmöglichkeit bietet sich von Wien über die A 4, die Ostautobahn, Ausfahrt Neusiedl am See, weiter über die B 50 Richtung Eisenstadt nach Purbach, Donnerskirchen und Schützen an; nach Donnerskirchen führt eine Abzweigung in südlicher Richtung nach Oggau, Rust und Mörbisch.
Neben diesen Hauptrouten gibt es von Wien aus noch zahlreiche weitere Möglichkeiten, auf teilweise kleineren Nebenstraßen, durch das südöstliche Niederösterreich über das Leithagebirge in das Weinbaugebiet zu gelangen.

Winzer und Heurige

Esterházysche Weingut und Schloßkellerei
Schloß
7000 Eisenstadt
Telefon: 02682/6 33 48
Fax: 02682/6 33 48-16
Nach vielen Jahren erwachte das Schloßweingut wieder zu neuem Leben. Die Qualitäten verbessern sich von Jahr zu Jahr. Beste Rieden stehen zur Verfügung. Empfehlenswert sind neben den Rot- und Weißweinen ein Sekt sowie köstliche Brände.

Wein- und Sektkellerei Hans Moser
St. Georgener Hauptstraße 13
7000 Eisenstadt
Telefon: 02682/6 66 07
Fax: 02682/6 66 07-14
Hans Moser führt einen Weinhandelsbetrieb und ein Weingut; zur Zeit stehen sechs Hektar eigene Rebflächen im Ertrag, von acht weiteren Hektar werden Trauben nach genauen Richtlinien zugekauft. Schon der Vater Hans Mosers verzichtete auf chemische Düngung, und so konnte sich in den Weingärten ein natürliches System von Nützlingen entwickeln. Produziert werden trockene Weißweine aus den Sorten Weißburgunder, Welschriesling, Neuburger und Chardonnay, teils im Barrique vinifiziert, und Rotweine aus Zweigelt, Blaufränkisch und Cabernet Sauvignon sowie Prädikatsweine und Brände. Die Sekterzeugung nach der klassischen Flaschengärmethode wurde im Jahr 1988 mit den Sorten Welschriesling und Chardonnay in der Geschmacksstufe „Extra brut“ begonnen.

Weingut Hans und Eva Nehrer
St. Georgener Hauptstraße 16
7000 Eisenstadt
Telefon: 02682/6 43 80
Fax: 02682/6 43 80-4
nehrer@weingut-nehrer.co.at
www.nehrer.co.at/weingut
Dieses Weingut konnte in den letzten Jahren vor allem mit seinen Rotweinen, der Cuvée und dem Cabernet Sauvignon, auf sich aufmerksam machen. 1989 wurde der Betrieb von den heutigen Besitzern Hans und Eva Nehrer übernommen; damals wurden große Investitionen getätigt, die sich nach und nach bezahlt machen. Von den 10 Hektar Rebfläche ist je die Hälfte

mit weißen - Welschriesling, Chardonnay und Sauvignon blanc - und blauen Sorten - Zweigelt, Blaufränkisch und Cabernet Sauvignon - bepflanzt. Die Weine werden teils traditionell, teils in Barriques vinifiziert und an die gehobene Gastronomie und an Privatkunden verkauft. Wenn der eingeschlagene Weg konsequent weiter beschritten wird, ist von diesem Weingut noch einiges zu erwarten.

Erwin Tinhof
Gartengasse 8
7000 Eisenstadt
Telefon: 02682/6 26 48
Fax: 02682/6 82 32
Nach dem Studium an der Hochschule für Bodenkultur in Wien pachtete Erwin Tinhof 1989 von seinem Onkel, einem Nebenerwerbswinzer, sechs Hektar Weingärten, damals etwa 10- bis 15jährige Anlagen mit Welschriesling, Neuburger, Weißburgunder, Muskat-Ottonel sowie Blaufränkisch, und begann mit dem Weinbau. Heute sind aus dem Angebot die fruchtige Cuvée „Tinhof weiß", der in kleinen, burgundischen Holzfässern vergorene und ausgebaute Neuburger von der Ried Fuchsenriegl und der barriquegelagerte „Feuersteig" - aus Blaufränkisch mit einem kleinen Anteil St. Laurent - hervorzuheben.

Unterkunft und Essen

Hotel Burgenland
Franz-Schubert-Platz 1
7000 Eisenstadt
Telefon: 02682/696-0
Fax: 02682/6 55 31
www.austria-hotels.co.at/burgenland
Anerkanntes Hotel, am Beginn der Innenstadt-Fußgängerzone gelegen, mit hohem Niveau. Nur wenige Gehminuten vom Schloß entfernt.

Restaurant Der Reisinger
Hauptstraße 83
7033 Pöttsching
Telefon: 02631/22 12
Fax: 02631/20 90
E-Mail: info@der-reisinger.at
www.der-reisinger.at
Feine regionale Küche, gute Weinauswahl.
Ruhetag Mo. bis Mi.; Pöttsching liegt ca. 15 km südwestlich von Eisenstadt. Von Eisenstadt gelangt man über die B 50 nach Pöttsching; abbiegen Richtung Krensdorf auf der Höhe von Zemendorf.

Schloß Esterházy -
„Der Große Chinesische Salon"

Information und Tips

Restaurant Johann Reisner
Hauptstraße 141
7212 Forchtenstein
Telefon: 02626/6 31 39
Fax: 02626/6 31 39-4
Regionale Küche auf hohem Niveau wird in einem gemütlichen Dorfwirtshaus geboten - und das schon seit Jahren. Sehr gute Weinauswahl. Der Ort Forchtenstein liegt etwa 20 km südlich von Eisenstadt und ist über die Schnellstraße S 31, Abfahrt Forchtenstein, erreichbar. Mo. und Di. Ruhetag

Burgenland Tourismus
Schloß Esterházy
7000 Eisenstadt
Telefon: 02682/6 33 84-0
Fax: 02682/6 33 84-32
E-Mail: info@burgenland-tourism.co.at
www.burgenland.at/tourismus;
www.tiscover.com/burgenland

Eisenstadt Tourismus
Schloß Esterházy
7000 Eisenstadt
Telefon: 02682/6 73 90
02682/6 37 15 (Schloßbesichtigung) oder 6 33 84-16 (Information) oder 6 18 66 (Internationale Haydntage

bzw. Haydnkonzerte im wunderschönen Haydnsaal).
Fax: 02682/6 73 91
E-Mail: tve.info@bnet.at

Schloß Esterházy Management
7000 Eisenstadt
Telefon: 02682/7 19-0
Fax: 02682/7 19-3113
E-Mail:
management@schloss-esterhazy.at
info@schloss-esterhazy.at
www.schloss-esterhazy.at

Die Familie Esterházy führt ihre Abstammung bis in das 11. Jahrhundert zurück, die ursprünglichen Besitzungen lagen nachweisbar seit dem 13. Jahrhundert auf der Insel Schütt. 1594 teilte sich die Familie in drei Linien auf, deren eine sich in Westungarn mit Nikolaus I. niederließ und sich nach Frakno (Forchtenstein) nannte. 1687 wurde Paul IV. in den Reichsfürstenstand erhoben, 1782 die ganze Familie.

Fürst Nikolaus I. (1714 bis 1790) verlegte seine Residenz 1778 in das neu erbaute Schloß Eszterháza in Süttör, im heutigen Ungarn. Nach dem Ersten Weltkrieg wurde Eisenstadt Sitz der Verwaltung der österreichischen Güter.

Der Haydnsaal (früher Sommer- oder Speisesaal) im Schloß Eisenstadt ist ein über drei Geschoße reichender Raum mit Wandmalereien, die ungarische Könige und Heerführer darstellen. Hier hat Haydn viele seiner großen Werke aufgeführt. Ebenso sehenswert sind der sogenannte Wildschweinsaal, der früher als Spielsaal diente, der chinesische Salon, der Empiresaal mit pompejanischen Wandmalereien, die Bibliothek und die Schloßkapelle, ebenfalls klassizistisch, mit einer schönen, frühklassizistischen Orgel.

Fast in Vergessenheit geraten ist das interessante Weinmuseum mit Exponaten aus den letzten Jahrhunderten im Schloßkeller, übrigens der größte des Burgenlandes. Fragen Sie im Shop des Schlosses danach. Der Schloßpark erhielt erst nach Haydns Zeit seine heutige Gestaltung als englischer Garten. Die ehemaligen Stallungen vor dem Schloß sind heute Sitz der burgenländischen Landesgalerie. Für alle, die Kultur auch im Wein sehen, sei noch auf das Fest der 1000 Weine (Ende August/Anfang September) hingewiesen, für das mit Sicherheit der Spruch „nomen est omen" gilt.

Burgenländisches Landesmuseum
Museumgasse 1–5
7000 Eisenstadt
Telefon: 02682/6 26 52-0
Landesgeschichte, Volks- und Naturkunde mit besonderer Berücksichtigung des Weinbaus in Form eines Weinmuseums.

Burg Forchtenstein
Melinda-Esterházy-Platz 1
7212 Forchtenstein
Telefon: 02626/8 12 12
Fax: 02626/8 15111-3
Die Burg Forchtenstein, über eine sehr schöne Panoramastraße erreichbar, liegt im Rosaliengebirge südlich von Eisenstadt auf einem steilen Dolomitfelsen. 1626 gelangte sie in den Besitz der Esterházys, welche die Anlage immer wieder erweitern ließen. Forchtenstein diente als Depot für die Waffen und Ausrüstung der Esterházyschen Truppen und beherbergt mit den Fürstlichen Esterházyschen Sammlungen eines der größten öffentlich zugänglichen Privatmuseen Mitteleuropas. Die Burg ist bequem über die Schnellstraße S 31, Abfahrt Forchtenstein, erreichbar.

Burg Forchtenstein bei Nacht

Radwandern

Für Radfahrer steht im Bereich um die Burg Forchtenstein der Rosalia-Radweg, „B 32", zur Verfügung, der von Wiener Neustadt, manchmal über kurze, steile Anstiege, bis zum Koglweg, „B 30", führt (dabei kreuzt man den „R 50"; dieser führt über die gesamte Länge des Burgenlandes), über den man anschließend über den „B 31" bis nach Mörbisch gelangen kann.

Durch Eisenstadt selbst führt der Straßenbegleitweg „R 50", der eher für sportliche Radfahrer geeignet ist und den Norden und Süden des Landes miteinander verbindet.

Großhöflein

Diese Gemeinde wurde urkundlich erstmals im 12. Jahrhundert erwähnt, seit Beginn des 14. Jahrhunderts begegnen wir ihr in den Urkunden als „Hublen“, „Heflin“ beziehungsweise „Hofling“. Die Hangsiedlung mit einem großen und geologisch vielgestaltigen Gebiet zählt zu jenen ganz wenigen Gemeinden, wo die Regeneration der Berglagen nach dem Auftreten der Reblaus (1887) wegen des hohen Kalkgehaltes auf die allergrößten Schwierigkeiten stieß. Heute noch gibt es Stellen, wo selbst bei eigentlich kalkresistenten Unterlagsreben Chloroseschäden, ein Krankheitsbild bei Reben, vorkommen. Dabei vergilbt das Laub der Pflanze, das Wachstum wird

stark gehemmt und die Photosynthese (Zuckerbildung) minimiert. In Großhöflein tritt eine Schwefelquelle zutage. In der Mitte des Ortes steht das ehemalige Schwefelbad, das die Familie Esterházy in einem früheren Kastell hatte einrichten lassen. Sehenswert sind die Pfarrkirche mit dem Hochaltar aus dem 18. Jahrhundert, das Rathaus und die Antonikapelle. Großhöflein liegt nur wenige Kilometer westlich von Eisenstadt entfernt.

Marterl bei Großhöflein

Ried Tatschler

Eine der besten und schönsten Lagen ist die Tatschler, ein sanft geschwungener Kessel mit sandigen Lehmböden, schwach bis mäßig im Kalkanteil. Gelegentlich tritt stark verwitterter Glimmerschiefer zutage. Der angrenzende Wald sorgt für Abkühlung in der Nacht und somit für Bukett und Säure in den Weinen. Auch der Kaligehalt des Verwitterungsbodens begünstigt die Aromabildung, deshalb eignet sich die Ried sehr gut für Weißweine, etwa Chardonnay.
Die Ried liegt an der Verbindungsstraße von Kleinhöflein nach Großhöflein gleich nach dem Ortsende von Kleinhöflein oberhalb der Straße Richtung Norden.

Strohballen für den Winterschutz der Reben

Ried Föllig(äcker)

Ein frühes Ansiedlungsgebiet, durch Gräberfunde nachgewiesen, ist die Ried Föllig mit tiefgründigen Böden. Auf dem Hügel stehen im höheren Teil Welschriesling, sonst überwiegend Blaufränkisch und Zweigelt.

Die Ried erreicht man von Großhöflein aus am besten, wenn man am südlichen Ortsende in einen asphaltierten Weg von der Verbindungsstraße nach Müllendorf Richtung Autobahn abzweigt und diese überquert. Nach einigen hundert Metern, vorbei an Weingärten, erreicht man die Föllig. Von hier aus gibt es mehrere Möglichkeiten zum Wandern oder Radfahren. Von der Ried aus hat man einen wunderschönen Ausblick auf die Umgebung. Im Wald oberhalb der Ried liegen die Annakapelle und die Ruine eines kleinen Esterházyschen Jagdschlosses aus dem 18. Jahrhundert.

Winzer und Heurige

Anton und Andreas Kollwentz
Weingut Römerhof
Hauptstraße 120
7051 Großhöflein
Telefon: 0 26 82/6 51 58-0
Fax: 0 26 82/6 51 58-13
www.kollwentz.at

Der Name „Römerhof" soll an die Zeit der römischen Herrschaft erinnern; an der damaligen Straße von Ödenburg nach Wien lag hier eine Poststation. Seit 1775 ist der Hof im Besitz der Familie Kollwentz. Anton Kollwentz begann 1966 mit acht (heute sind es 14) Hektar Weingärten. Zwar wurden 1969 noch 30 Prozent der Lese in der Kategorie „Trockenbeerenauslese" eingebracht, doch begann im selben Jahr auch die Lieferung von trocken ausgebauten Qualitätsweinen an führende Gastronomen in Westösterreich. Anton Kollwentz war damit einer der ersten, die in diese Richtung gingen.

Nach und nach wurde das Rebsortenspektrum bereinigt, um sortentypische Weine erzielen zu können; sie sollen sowohl hohe Reife wie auch gute Säure erbringen. Neben Welschriesling und Weißburgunder wurde bereits Anfang der siebziger Jahre Sauvignon blanc, eine erklärte Lieblingssorte von Anton Kollwentz, geplant für die Produktion von Prädikatsweinen, ausgepflanzt, 1988 kam Chardonnay hinzu. Auch die anderen weißen Sorten werden überwiegend trocken ausgebaut. Wenn es sich vom Jahrgang ergibt, werden kleinere Mengen Beeren- bzw. Trockenbeerenauslesen, speziell von Sauvignon blanc und Pinot blanc, und mitunter Eisweine gekeltert. Für Rotwein wird der Blaufränkisch als Hauptsorte kultiviert, weiters Zweigelt und Cabernet Sauvignon. Die Auspflanzung von Cabernet Sauvignon wurde 1981 von der Burgenländischen Landesregierung als Ausnahme genehmigt, weil die Sorte damals im amtlichen Register nicht vorgesehen war. Anton Kollwentz gilt als einer der Pioniere im österreichischen Rotweinausbau. Wesentliche Schritte waren 1985 die Reduktion der Erträge, der bewußte biologische Säureabbau seit 1988 und der Verzicht auf Filtration vor der Flaschenabfüllung seit 1991.

Sohn Andreas bringt wesentliche Erfahrungen von seinen Hospitanzen im Bordelais, unter anderem auf den Châteaux Palmer (Margaux), La Louvière (Graves) und La Tour Blanche (Sauternes), und wiederholten Besuchen in anderen Regionen, wie etwa in Burgund oder im Cognac-Gebiet, in die Weinbereitung mit ein, was vor allem einer weiteren Steigerung der Qualität der Rotweine zugute kommt. Andreas beschäftigt sich besonders mit der Vergärungstechnologie. Wichtig ist ihm etwa die Verwendung von Tanks, in denen durch Umpumpen der Most bewegt wird und nicht die Maische, weil so die Tannine weicher werden und der Wein insgesamt geschmeidiger ausfällt.

Die Rotweine werden durchwegs im Holz ausgebaut, der Säureabbau wird vollständig durchgeführt. Trotz aller moderner Vinifikation wird aber nach wie vor der regionale, fruchtbetonte Weintypus forciert. Neben reinsortigen Rotweinen gibt es in guten Jahren eine Cuvée aus Blaufränkisch, Cabernet Sauvignon und Zweigelt, der ganz bewußt nicht durch Merlot ersetzt wird. Unter dem Namen „Römerhof-Cuvée" wurde sie erstmals 1986 erzeugt; seit dem Jahrgang 1992 kommt sie unter der alten Lagenbezeichnung „Steinzeiler" auf den Markt.

Destillate von Trauben, Trester und Geläger sowie Weinbrände ergänzen die Palette. Anton Kollwentz hat schon früh angefangen, seine Weine in einer Vinothek zu lagern; so ist es der Familie heute möglich, die Entwicklung zu überprüfen und Entscheidungen für die Zukunft zu fällen.

Josef Leberl

Hauptstraße 91

7051 Großhöflein

Telefon u. Fax: 02682/6 78 00

Josef Leberl konnte mit trocken ausgebauten Weinen im Kabinettbereich - die damals üblichen aufgezuckerten, alkoholreichen Weine schmeckten ihm einfach nicht - seinen Vater von seinen Fähigkeiten dermaßen überzeugen, daß er seit 1970 den Weinbau selbständig führt. Die ehemals gemischte Landwirtschaft entwickelte sich zum Spezialbetrieb.

Seit 1993 werden keine Trauben mehr zugekauft. Eine erklärte Lieblingssorte von Leberl ist neben dem Cabernet Sauvignon der Sauvignon blanc, dessen erste Ernte 1988 eine

Typische Weingartenanlage im Leithagebirge

vorzügliche Beerenauslese ergab. In den letzten Jahren investierte Josef Leberl in seinen Betrieb, vor allem in Barrique- und Tankkeller. Die Begeisterung für den Médoc und auch Kalifornien ist hier nicht zu übersehen. Er ist ein Freund kräftiger, lagerungsfähiger Rotweine und zieht eine gewisse „harte" Note der betonten Frucht vor. Erzielt werden diese Eigenschaften aufgrund längerer Maischestandzeit und mit einem eher hohen Anteil von neuen Barriquefässern, insbesondere bei Cabernet Sauvignon. Eine Cuvée gibt es nur in kleineren Jahren - zuletzt 1991 -, wenn die einzelnen Rebsorten ihre Vorzüge nicht für sich ausspielen können. Hohe Prädikatsweine werden gekeltert, wenn es der Jahrgang erlaubt; mit Sauvignon blanc sind immer wieder Beerenauslesen möglich.

Über Unterkunft und Essen sowie Information und Tips siehe unter Eisenstadt, Seite 78 ff.

Schützen am Gebirge

Den alten Namen Gschieß - er kommt von schießen - führte die Gemeinde bis zum Jahr 1924. Dieser Ort ist eine Talsiedlung in der Wulkaebene zwischen den Hängen des Leithagebirges und des Ruster Hügellands, dessen „Goldberg" mit 224 m die höchste Erhebung ist. In Schützen beeindrucken eine geschlossene Giebelreihe von Scheunen in der Eisenstädter Straße und einige alte Streckhöfe mit mächtigen Toren und lange Hofgassen. Die barocke Magdalenenkirche ist umgeben von einer alten Wehrmauer. In der Ortschaft gibt es auch zwei schöne Sebastiansäulen und eine kleine Kapelle, die der hl. Rosalia geweiht ist. Sebastian, Rosalia und Rochus gelten im Burgenland als die Pestheiligen. Am Ortsausgang Richtung Oslip befindet sich die romantische Dorfmühle. Zwischen Schützen und Eisenstadt, gegen das Leithagebirge zu, liegt der Esterházysche Tiergarten, der von einer alten Mauer umgeben ist. Im Park befindet sich auch ein kleines Jagdschloß aus dem 18. Jahrhundert. Zur Zeit wird es aufwendig restauriert.

Schützen erreicht man von Eisenstadt kommend über die B 50 Richtung Neusiedl am See.

Feines Einkaufen bei den Eselböcks

Ried Goldberg

Der Goldberg, eine der besten Lagen vor Ort, ist eine Hanglage mit überwiegend Böden auf Glimmerschiefer. Im unteren Bereich dominiert lehmiger Sand. Blaufränkisch, St. Laurent fühlen sich hier sehr wohl. Eine schöne Tour führt Sie zum Goldberg, wenn Sie in Schützen von der Hauptstraße Richtung Osten, die Bahnlinie querend, nach Oggau abbiegen. An der Abzweigung nach Oslip, kurz nach dem Ortsende, gleich neben einem Bildstock, führt ein Weg in die Rieden hinein. Beim nächsten Bildstock folgen Sie dem Weg nach rechts, der unmittelbar an der Ried Goldberg vorbeiführt. Weiter auf diesem Weg bis zu einem scharfen Linksknick, nach etwa weiteren hundert Metern wieder links schwenken, vorbei an der Ried Mausberg und einem Bildstock durch die Lage Unterbergen zurück Rich-

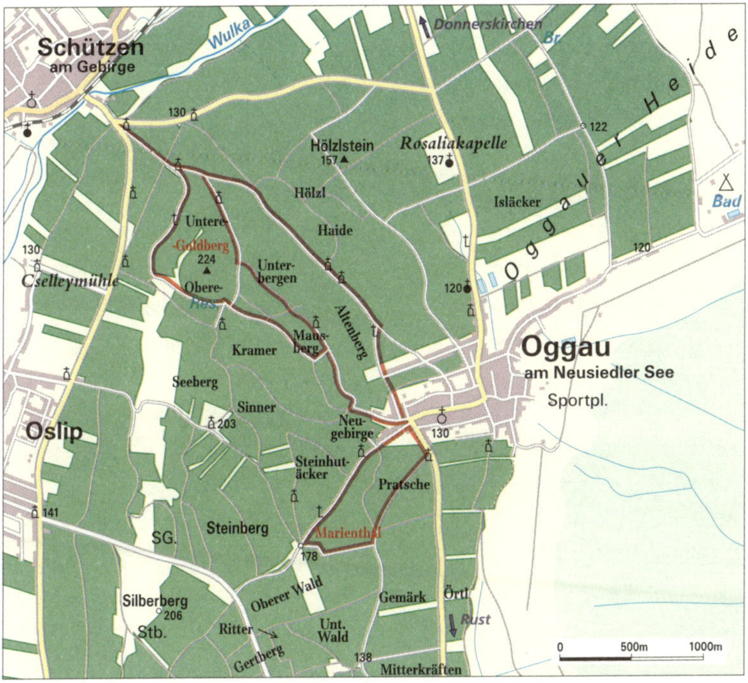

tung Schützen. Für eine längere Tour empfiehlt es sich, bis nach Oggau zu gehen und von dort in einer längeren Schleife wieder zurück nach Schützen.

Winzer und Heurige

Weingut Engelbert Prieler
Hauptstraße 181
7081 Schützen am Gebirge
Telefon: 02684/22 29
Fax: 02684/22 29-4

Als Engelbert Prieler 1970 die Verantwortung übernahm, hatte er Ackerbau, Viehzucht und Weinbau zu bewältigen; die Weingärten waren in Hochkultur angelegt, die Hauptrebsorten waren Neuburger, Weißburgunder, Riesling, Roter Riesling, Muskat-Otonell, ein wenig Grüner Veltliner, Müller-Thurgau, Blauburgunder, St. Laurent und später Blaufränkisch, die wichtigsten Kunden waren die Wirte der Umgebung.

Eine der ersten Maßnahmen in Folgezeit bestand für Engelbert Prieler darin, bestimmte Rebsorten auszureißen, wie etwa Neuburger oder Riesling, gleichzeitig aber auch, um sich die Arbeit zu erleichtern, seine Hanglagen mit Weingärten in der Ebene zu tauschen, die früher saure Wiesen gewesen waren und, um den damals noch lukrativen Weinbau möglich zu machen, drainagiert worden waren. Es dauerte bis Mitte der achtziger Jahre, der Betrieb hatte sich mittlerweile auf Weinbau spezialisiert, um die Notwendigkeit zu erkennen, sich mit den natürlichen Voraussetzungen näher zu beschäftigen - wie Böden, Unterlagsreben und Kleinklima. Folglich wurde der ursprüngliche Weg wieder rückgängig gemacht und Rieden zugekauft, die für höhere Qualitäten bürgen. Die heute im Ertrag stehenden 14 Hektar Weingärten sind in der Regel Hanglagen. Die Rebsorten wurden auf Welschriesling, Weißburgunder und Chardonnay bei den weißen und Blaufränkisch, Zweigelt und Cabernet Sauvignon bei den blauen reduziert.

Um sein Qualitätsstreben konsequent umzusetzen, stellte Engelbert Prieler die Vergärungstechnologie ebenfalls um. Er kaufte Edelstahltanks, um die Gärtemperatur

kontrollieren zu können, und benützte die neuen Behälter auch zum Ausbau fruchtiger Weißweine. 1986 begann die Lagerung von Rotweinen in Barriques, seit 1990 werden die kleinen Holzfässer für die Vinifizierung von kräftigen Weißweinen verwendet. Nach und nach verschwanden die alten großen Holzfässer aus dem Keller und machten Platz für Barriques und 500-Liter-Fässer.
Welschriesling wird im Edelstahltank ausgebaut, Chardonnay im Barrique mit langem Hefekontakt. Bei den anderen Weinen variiert Engelbert Prieler je nach Jahrgangsqualität den Verschnitt von im Barrique vergorenen und/oder gereiften Chargen mit solchen aus den größeren Fässern bzw. - bei den weißen - aus dem Stahltank. Bei den Rotweinen gibt es neben reinsortigem Blaufränkisch und Cabernet Sauvignon eine Cuvée mit Cabernet, wobei dessen Anteil nach dem Wunsch des Winzers deutlich spürbar sein soll.

Unterkunft und Essen

Restaurant Taubenkobel
Eveline und Walter Eselböck
Hauptstraße 33
7081 Schützen am Gebirge
Telefon: 02684/22 97
Fax: 02684/22 97-18
www.taubenkobel.at
Eines der besten Restaurants Österreichs mit regionalen Schwerpunkten auf internationalem Niveau. Ruhige, schöne Gartenterrasse. Ausgezeichnete Weinkarte mit überwiegend burgenländischen Weinen.
Drei geräumige, schöne Zimmer im ländlich-modernen Stil im Nebenhaus stehen zur Übernachtung zur Verfügung. Unbedingt reservieren!
Neben dem Restaurant betreiben die Eselböcks auch einen Shop und eine Weinhandlung.
Hier kehren nicht nur Vorbeireisende ein, sondern auch die örtlich ansässigen Bauern. Was in Italien selbstverständlich ist, die Trattoria, setzte die Familie Eselböck mit diesem Projekt zu einem weinkulinarischen Meilenstein für das Burgenland um. Über die Internet-Adresse kann man auch Produkte der Serie „Feine Kollektion Taubenkobel" beziehen. Produkte, die die

besten Produzenten des Landes exklusiv für Eselböck herstellen. Weine von Kracher, Prieler und Velich, Vogelbeere von Reisetbauer, Essig von Gölles und, und ... Ein Muß, hineinzuschauen und sitzen zu bleiben.

Information und Tips

Gemeindeamt Schützen am Gebirge
Dorfplatz 1
7081 Schützen am Gebirge
Telefon: 02684/22 03
Fax: 02684/22 03-4

Oslip - St. Margarethen

Oslip liegt etwa drei Kilometer südlich von Schützen am Gebirge, die Abzweigung von der B 50 befindet sich mitten im Ortsgebiet von Schützen. Das Gemeindegebiet von Oslip hat Anteile an drei geologischen Einheiten: am Ruster Hügelland, am Wulkabecken und am Leithagebirge.
Mitte des 19. Jahrhunderts wurden die Weingärten des Ortes in der 2. Güteklasse (österreichisch-ungarische Bewertung der Weingärten) eingestuft. Zu Beginn des 20. Jahrhunderts betrieben sehr viele Frauen den Weinbau, da die Männer in den Kalksteinbrüchen beschäftigt waren. Heute ist die qualitative und wirtschaftliche Bedeutung des Weinbaus eher gering. Auf kulturellem Gebiet erfreuen sich die Konzerte im Innenhof der Cselleymühle allgemeiner Beliebtheit. Der Laubengang des Innenhofes bietet dazu ein idyllisches Ambiente.

Entlang der ehemaligen Römischen Bernsteinstraße, deren Verlauf die Autostraße in etwa folgt, gelangt man von Oslip aus nach etwa vier Kilometern nach St. Margarethen. Eine Kirche, die der heiligen Margarethe geweiht ist, wurde erstmals 1359 erwähnt. Abgesehen von den Weinausfuhrprivilegien bzw. Ausfuhrverboten, die dem Ort gemeinsam mit anderen Siedlungen oder dem ganzen Herrschaftsbereich gegeben wurden, erhielt der Markt St. Margarethen 1618 die Erlaubnis zur Führung eines Brandzeichens und zum Verkauf von Waren in die Länder der böhmischen Krone.
Bekannt ist der Ort durch seinen imposanten Steinbruch, der eine offene Fläche von über 100.000 m^2 aufweist. Er stammt aus der Römerzeit. Die Römer verwendeten den Sandstein zum Bau ihrer Befestigungsanlagen. Auch für die Wehrmauern Wiener Neustadts und Preßburgs fand der St. Margarethner Sandstein Verwendung. Zahlreiche Prachtbauten an der Wiener Ringstraße wie die Oper, das Burgtheater und der Wiener Stephansdom wurden aus demselben

Baumaterial hergestellt. Ende des 19. Jahrhunderts wurde zum Abtransport der Gesteinsmassen sogar ein eigener Schienenstrang zum Steinbruch gelegt, der aber mittlerweile wieder entfernt wurde.

Der österreichische Bildhauer Karl Prantl hatte 1959 die Idee, Künstler aus aller Welt in diesen Steinbruch einzuladen, die hier einige Wochen gemeinsam arbeiten sollten. So wurde das Erste Symposium europäischer Bildhauer ins Leben gerufen.

Der historische Sandsteinbruch ist nicht nur für die im 5-Jahres-Rhythmus (2001 ist wieder ein Termin) stattfindenden Passionsspiele und den einzigartigen Skulpturenpark berühmt, sondern auch durch die Opernfestspiele, die, unterstützt von der einzigartigen Kulisse des Steinbruchs, eine beeindruckende Wirkung erzielen.

Für Familien mit Kindern ist der Freizeitpark Burgenland zu empfehlen, eine Kombination aus Märchenfiguren, „Märchenwald", Vergnügungspark und Streichelzoo.

Bühnenentwurf für Verdis Otello

Winzer und Heurige

Weingut Rosi und Franz Schuster
Prangergasse 2
7062 St. Margarethen
Telefon u. Fax: 02680/26 24
Rosi und Franz Schuster widmen sich vornehmlich den blauen Sorten, und zwar zu 90 Prozent. Nicht von ungefähr gilt das Weingut als einer der ersten „guten" Rotweinbetriebe, die mit Barriques und biologischem Säureabbau (schon seit 1976!) arbeiten. Der Spitzenwein ist die barriqueausgebaute Cuvée „C.M.B." aus Cabernet Sauvignon, Merlot und Blaufränkisch. Außerdem werden klassisch vinifizierter Blaufränkisch sowie Zweigelt und Pinot noir angeboten.

Unterkunft und Essen

Restaurant Eselmühle
St. Margarethen/Eselmühle
Telefon: 02680/28 00
Fax: 02680/28 00-2
Ein ruhiger Platz mit schöner Terrasse, etwas außerhalb der Ortschaft gelegen. Regionale Speisen und gute Weine von in der Umgebung ansässigen Winzern werden angeboten.

Information und Tips

Gemeindeamt Oslip
Hauptstraße 7
7000 Oslip
Telefon: 02684/22 08-0

Tourismusbüro St. Margarethen
Hauptstraße 20
7062 St. Margarethen
Telefon: 02680/70 60 oder 22 02 (Gemeindeamt)
Fax: 02680/70 60-4
tourismus@st-magarathen.at
www.st-margarethen.at
www.ofs.at

Passionsspiele St. Margarethen
Kirchengasse 22
7062 St. Margarethen
Telefon: 02680/21 00 oder 70 63
Fax: 02680/21 00-4
www.passio.at
Freilichtmuseum, Passionsspiele

Märchen- und Freizeitpark Burgenland
Am Rusterberg
7062 St. Margarethen
Telefon: 02685/6 07 07

Rust

Man muß lange suchen, um in der Wein-Welt einen Ort wie Rust, dessen Weinqualitäten Weltklasse sind, zu finden. Der ursprüngliche Name von Rust war ungarisch Szyl, was soviel wie Ulme bedeutet. Mittelhochdeutsche Vorfahren übersetzten das Wort mit Rüster (Ulme), daraus wurde Ruszt und später Rust. Erstmals urkundlich erwähnt wurde der Ort unter dem Namen „Ceel" im Jahre 1317, um 1470 erhielt er das Marktrecht. Seit 1524 haben die Ruster - durch Königin Maria von Ungarn - die Genehmigung, für den Handel mit ihren Weinen als Markenzeichen ein gekröntes „R" in ihre Fässer einzubrennen. Dieses „R" wird noch heute als Gütezeichen im Korkbrand der Flaschenweine weiter verwendet. 1681 kauften sich die Ruster von der Herrschaftsuntertänigkeit frei, Rust wurde zur „Freistadt". Sie bezahlten dafür 60.000 Goldgulden und 500 Eimer (etwa 28.000 Liter!) besten Weins. Es war dies ein Ruster Ausbruch, angeblich aus der Sorte Furmint. Rust übt die Selbstverwaltung auch heute noch aus und ist somit der kleinste Verwaltungsbezirk Österreichs mit 1.700 Einwohnern und 20 km^2 „Hoheitsgebiet".

Der gesamte Altstadtbereich, der zu den malerischsten seiner Art zählt, ist heute denkmalgeschützt - im Jahr 1975, dem Jahr der Denkmalpflege, wurde Rust für die Erhaltung seiner historischen Schönheiten vom Europarat zur Modellstadt erkoren. Die zahlreichen Bürgerhäuser aus dem 16. bis 19. Jahrhundert besitzen gepflegte Barock- oder Renaissancefassaden mit schönen Fenster- und Portalrahmungen, Erkern, Wappen und Stuckdekorationen. Charakteristische Rundbogenportale und Einfahrtsgewölbe führen in die idyllischen Innenhöfe bzw. zu manchmal noch älteren Hoftrakten mit gedeckten Stiegenaufgängen und Arkaden, teilweise auch mit Resten der Stadtmauer. Die Häuser der Ruster Altstadt haben noch heute ihre Funktion als Wohn- und Betriebsobjekte der Bürger. In der Fischerkirche, deren romanische und gotische Teile aus der Zeit vom 12. bis zum 16. Jahrhundert stammen, finden während der

Sommermonate Konzerte bei Kerzenschein statt, der die Kirche in ein warmes Licht taucht. Weiters sehenswert sind die mittelalterlichen Fresken, die vor nicht allzu langer Zeit freigelegt wurden. Als Rarität und im Burgenland einzigartig gelten die bemalten, gotischen Fensterscheiben.

Selbstverständlich bieten die Ruster ihre Weine zum Verkosten an: an vier Terminen gibt es besonders große Verkostungsmöglichkeiten - die „Schatztruhe" Anfang Mai, die „Goldene Weinwoche" Ende Juli, die „Herbstzeitlose" im November sowie den 3. Dezember, dem Jahrestag der Stadternennung Rusts. An diesem Tag werden die besten Weine jenes Süßweintyps präsentiert, der die Stadt weltberühmt gemacht hat, des Ruster Ausbruchs.

Ried Mariental

Der Name einer der besten Lagen, in Rust Mariental, in Oggau Marienthal geschrieben, stammt von „Moriteil" = „Marktheilen" = Grenze ab. Mariental entwickelte sich aus einer falschen ungarischen Übersetzung, welche wiederum falsch ins Deutsche rückübersetzt wurde. 1571: Marchthailen; 1876: Mariathal. Die Ried wird durch einen Weg

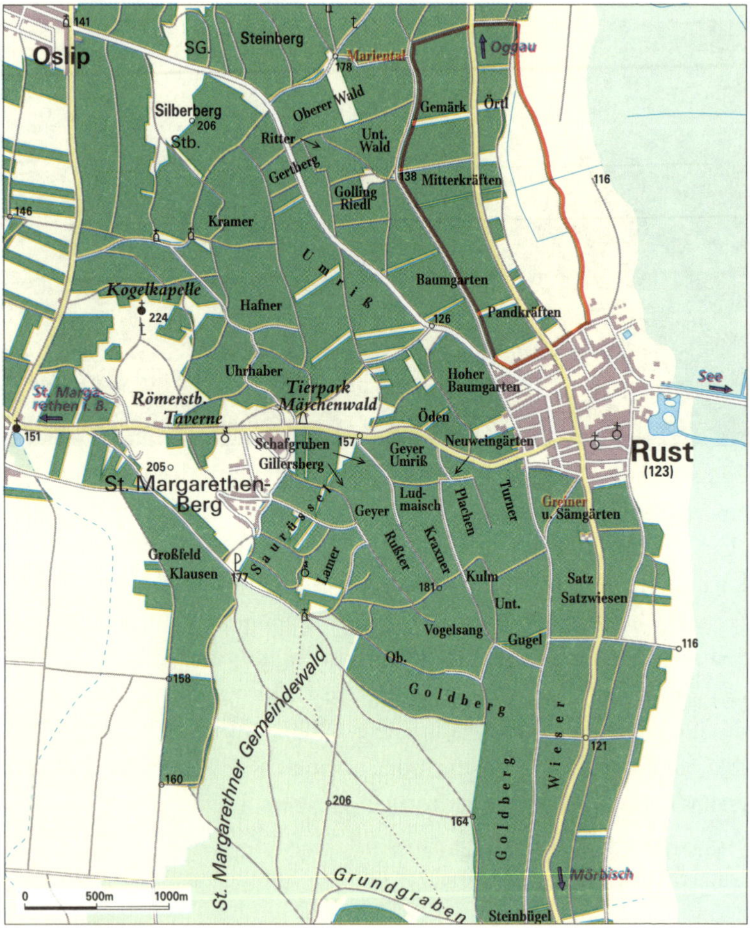

in einen Oggauer und in einen Ruster Teil getrennt. Der Oggauer behielt seinen Namen - wenn auch in etwas geänderter Form - bei, der Ruster wurde infolge des Waldbestandes in Großer Wald umbenannt. Nach Rodung des Waldes um 1850 erhielt die Ried auf Ruster Seite den Namen Große Maiss (Holzschlag). Heute ist wieder Mariental gebräuchlich.

Der obere Abschnitt hat einen Untergrund von Kalksand mit Korallenanteilen, etwas Lehm und einer cirka 40 cm dicken Humusauflage;

weiter unten, in der südöstlichen Hanglage, überwiegen Schwemmböden; es dominiert die Sorte Blaufränkisch.
Die Ried läßt sich am besten erreichen, wenn Sie von Rust aus die Bundesstraße 52 in Richtung St. Margarethen benutzen und nach dem Ortsende rechts in einen Feldweg (Güterweg und zugleich der Neusiedler See-Radwanderweg „B10“) einbiegen, der nach Oggau führt. Von der Ried Mariental aus gibt es nun mehrere Möglichkeiten, wieder nach Rust zu gelangen: Entweder man orientiert sich Richtung See und spaziert entlang des Schilfgürtels zurück, oder aber über Feldwege durch die Weingärten.

Ried Greiner

Eine sanfte Hanglage in Ost-Süd-Ost-Ausrichtung mit warmen, leichten Verwitterungsböden (u. a. Gneis) und etwas Lehm im unteren Bereich ist der Greiner, mit Welschriesling, Sauvignon blanc, Furmint, Muskateller, Blaufränkisch und Cabernet Sauvignon bepflanzt. Durch die Nähe zum See ist vor allem der untere Teil eine hervorragende Ried für Ausbruchweine.
Die Ried Greiner liegt südlich von Rust, gleich an die letzten Häuser Richtung Mörbisch anschließend, zu beiden Seiten der Autostraße.

In einigen Weingärten in den Rieden Plachen, Kraxner, Turner - Richtung Mörbisch - sind noch Reste alter Maueranlagen zu sehen, die als Stützen vor Abschwemmungen und zur Stabilisierung der Hanglagen errichtet worden waren. Sie wurden im Zweiten Weltkrieg zerstört; einige Winzer bemühen sich unter eigenem finanziellem Aufwand um die Wiederherstellung der Mauern.

Richtung Mörbisch, vorbei an der Greiner, empfiehlt sich eine längere Radtour („B10“) über die Ried Goldberg. Wanderer oder Spaziergänger kommen natürlich bei einem kleinen Rundgang durch die Weingärten auch auf ihre Kosten.

Winzer und Heurige

Weingut Feiler-Artinger
Hauptstraße 3
7071 Rust
Telefon: 02685/2 37
Fax: 02685/2 37-22
E-Mail: office@feiler-artinger.at
www.feiler-artinger.at

Hans Feiler führt mit seinem Sohn Kurt den Weinbau. 25 Prozent gehören Hans Feilers Schwester Gertrude Artinger, die hauptsächlich im Verkauf tätig ist, woher sich der Doppelname des Weinguts erklärt. Sauvignon blanc und Chardonnay werden schon seit mehr als 40 Jahren kultiviert; ersterer ist eine erklärte Lieblingssorte von Hans Feiler. Weißburgunder wurde in den siebziger Jahren ausgepflanzt. Neuburger selektionierte der Vater in den fünfziger Jahren, mit den Ergebnissen kann man heute auf zwei Hektar reüssieren. Er wird sowohl reinsortig vinifiziert wie auch als barriqueausgebaute Cuvée „Gustav“ mit Chardonnay.

Konnte sich Hans Feiler mit dem Barriqueausbau nur langsam anfreunden, so ist Sohn Kurt nach einigen Auslandsaufenthalten, unter anderem auf Château Cheval blanc in St. Emilion, mit dieser Technik ebenso vertraut wie mit dem Computer. Immer größere Bedeutung auf dem Weingut gewann Rotwein - aus den Sorten Blaufränkisch, Zweigelt, später auch Cabernet Sauvignon und Merlot produziert. Die Veränderung läßt sich in der Geschichte des barriqueausgebauten Spitzenweines „Solitaire“ ablesen.

Zu Recht stolz kann die Familie Feiler auf ihre Ruster Ausbrüche sein, die teils traditionell, aber fruchtig und nicht oxydativ, teils im Barrique ausgebaut werden. Die stetigen Verbesserungen der letzten Jahre dieses Weinguts sind deutlich.

Weinbau Hammer
Hauptstraße 9
7071 Rust
Telefon u. Fax: 02685/2 31

1989 kam es zu einem Schlüsselerlebnis: Nach dem Verkosten eines Spitzenweines beschlossen Hermann und Eleonore Hammer, mehr als „nur“ einen guten Wein zu produzieren. Eben ein relativ junger Betrieb, der sich besonders auf die hohen Prädikate spezialisiert hat - mit Erfolg. Weiters interessant bei den trocken vinifizierten Weinen sind der Weißburgunder und der Blaufränkisch.

Weingut Ernst Triebaumer

Raiffeisenstraße 9
7071 Rust am See
Telefon u. Fax: 02685/5 28

Eine Lieblingssorte Ernst Triebaumers ist der Sauvignon blanc. Zum Neuburger besteht eine eher gefühlsmäßige Bindung, weil der Großvater diesen als erster in Rust ausgepflanzt hatte, ebenso zum Chardonnay. Letzteren schätzt Ernst Triebaumer als Weinbauer sehr, aber nicht als In-Sorte, denn im Burgenland gibt es ihn schon seit Jahrzehnten; so befindet sich in der Ried „Pandkräftn" eine 30jährige Anlage. Neben den genannten Sorten wird bei den weißen noch Traminer kultiviert.

Der Anteil an Rotweinen war bei den Triebaumers immer relativ hoch - heute beträgt er mehr als die Hälfte -, und Ernst Triebaumer widmet sich ihnen mit höchster Aufmerksamkeit. Bei den blauen Sorten dominiert Blaufränkisch; die Anlagen sind im Durchschnitt 25 Jahre alt, was sich vor allem in trockenen Jahren günstig auswirkt. Weiters stehen Cabernet Sauvignon und Merlot im Ertrag.

Ernst Triebaumers Philosophie ist besonders bei der Bereitung von Rotwein zu erfahren, die im Weingarten beginnt; sei es mit Stammhöhe, Erziehungsform und Zeilenbreite, sei es mit der Laubarbeit, angepaßt der jeweiligen Sorte. Die Botrytisgefahr bei den blauen Sorten ist für Ernst Triebaumer kein großes Problem, weil seine besten Rotweinrieden weit weg vom See liegen. Auf das Spritzen gegen den Edelfäulepilz verzichtet er, weil es erstens seiner Meinung nach nicht viel bringt, und zweitens mit seinem Umweltverständnis nicht vereinbar ist.

Besonders die Blaufränkischen aus den beiden Rieden „Oberer Wald" und „Mariental", seit 1976 im Familienbesitz, seit 1986 wird die Bezeichnung auf den Etiketten verwendet, stehen in den letzten Jahren hoch in der Gunst der Weinfreunde.

Ernst Triebaumer ist entschiedener und beharrlicher Verfechter des „Ruster Dreigestirns": trockene Weiß- und Rotweine sowie Prädikatsweine, unter denen selbstverständlich dem Ausbruch die größte Bedeutung zukommt. Dabei wird auf Frucht und Eleganz Wert gelegt, ein höherer Alkoholgehalt ist wichtiger als der Restzucker.

Sohn Herbert arbeitet tüchtig im Betrieb mit. Außerdem bewirtschaftet er in den Rieden „Greiner" und

„Vogelsang" eigene Weingärten mit den Sorten Furmint, Gelber Muskateller und Cabernet Sauvignon, die er in Eigenregie ausbaut und mit eigenem Etikett vermarktet.

Weingut Paul Triebaumer
Neue Gasse 18
7071 Rust
Telefon u. Fax: 02685/61 35
www.best-of-austria.com/wein/huegelland/triebaumer-paul

Paul Triebaumer entwickelte sich in den letzten Jahren zum anerkannten Topwinzer; und dies, nachdem er sich relativ spät, nämlich erst 1981, entschlossen hatte, selbst Qualitätsweine zu erzeugen und zu vermarkten. So übernahm sein jüngerer Bruder Ernst den elterlichen Betrieb, und Paul bewirtschaftete die Rebflächen aus dem Besitz seiner Frau und lieferte die Trauben an die örtliche, heute nicht mehr bestehende Genossenschaft. Um so zielstrebiger ging er als Selbständiger ans Werk, mit dem Wissen, daß Qualität erstens als Produktphilosophie im Kopf entsteht und zweitens im Weingarten, was eine genaue Kenntnis der Böden wegen des richtigen Standorts für die jeweilige Rebsorte zur Voraussetzung hat. Neben einigen trockenen Weißweinen hat sich Paul Triebaumer vor allem mit seinen Rotweinen, die 60 Prozent der Produktion ausmachen, und seinen Prädikatsweinen einen Namen gemacht.

Die allgemein feststellbare Sorgfalt im Betrieb beginnt schon im Weingarten, wo konsequentes Ausdünnen der Trauben und die genaue Sortierung des Lesegutes obligatorisch sind. Sie setzt sich im Keller fort, wo radikale Eingriffe in den Wein verpönt sind. Beim Chardonnay wird der „Burgunder-Typ" forciert; 1987 gab es mit dieser Sorte den ersten Barriqueversuch. Prädikatsweine werden vinifiziert, wenn es der Jahrgang zuläßt, und das ist in der Regel dreimal in einem Jahrzehnt. Ein Unikum ist der „Keltenwein", der 1987 zum ersten Mal vinifiziert wurde. Dieser Wein, in kleinen Flaschen abgefüllt, zumeist aus Welschriesling oder eine Cuvée, erfährt keinerlei Eingriff - keine Schwefelung, keine Filtration, nichts -, sondern bleibt so, wie früher vielleicht die Kelten ihren Wein herstellten, vor den Römern, die bereits die Schwefelung kannten und den Wein in Bleibehältern kochten, weshalb einige Konsumenten an Bleivergiftung starben.

Peter Schandl
Joseph-Haydn-Gasse 3
7071 Rust
Telefon: 02685/2 65
Fax: 02685/2 65-4
E-Mail: peter.schandl@1012surfnet.at

Peter Schandl erlebte seit seiner Selbständigkeit alle Höhen und Tiefen des österreichischen Weinbaus. Die Geschmacksorientierung der Kunden änderte sich im Lauf der Zeit von süß über leicht und säurebetont bis zum heutigen Stand der Nachfrage von harmonischen Weinen, bei denen das Gesamtbild entscheidend ist und nicht ein einzelner Wert. Als Anfang der Sechziger einige Jahre hintereinander der Blaufränkisch verrieselte und somit nur geringe Mengen brachte, wurde er von etlichen Winzern durch den ertragsicheren Zweigelt ersetzt. Nicht so von Senior Schandl; der pflanzte 1969 Cabernet Franc, etwas Cabernet Sauvignon und Merlot aus. Daraus wird heute eine Cuvée vinifiziert, die mit und ohne Barriqueausbau angeboten wird. Auch die anderen Rotweine, Blaufränkisch und Pinot noir, werden von Peter Schandl lieber traditionell und fruchtbetont ausgebaut. Die roten Sorten nehmen etwa 40 Prozent der Rebfläche ein. Peter Schandls wirkliche Stärken liegen im Prädikatsbereich der weißen Sorten, insbesondere seine Ausbrüche, etwa der 91er vom Grauburgunder, machen immer wieder Freude. Aus den typischen Sorten für Süßweine - wie Furmint und Gelber Muskateller - werden auch trockene Weine erzeugt. Ehefrau Ursula führt den empfehlenswerten Heurigen zwei Häuser weiter in der Hauptstraße 20, wo Bouteillenweine glasweise ausgeschenkt werden.

Weingut Robert Wenzel
Hauptstraße 29
7071 Rust
Telefon: 02685/2 87
Fax: 02685/2 87 4
E-Mail: weinbau.wenzel@utanet.at
www.bnet.at/rust/wenzel.htm

Wenn vom Ruster Ausbruch die Rede ist, dann fällt unweigerlich der Name der Familie Wenzel, die seit 1647 in Rust Weinbau betreibt. Heute erbringen traditionelle Vinifizierung ohne technischen Schnickschnack in großen Holzfässern und konsequente Qualitätsorientierung im Weingut ausdrucksvolle jahrgangs- und gebietstypische Weine. Nicht nur sie sind ein Erlebnis, sondern auch die Person Robert Wenzel, der jetzt den Betrieb mit mittlerweile 10 Hektar Weingärten an den Südosthängen des Ruster Hügellandes führt. Sein Lieblingskind ist der Ruster Ausbruch; seit Generationen wird im Haus Wenzel über die Ausbruchlesen Buch geführt. Ein alter Spruch besagt, daß die Rebsorte die Mutter, der Boden der Vater eines Weines sei - Robert Wenzel ist für den Ruster Ausbruch und für die Sorte Furmint ein fürsorglicher Ziehvater. Diese war fast in Vergessenheit geraten, und Robert Wenzel ist es zu danken, daß jetzt wieder mehr Ruster Winzer diese traditionelle Sorte kultivieren. Die zweite bewährte Sorte, der Gelbe Muskateller, kommt von den berühmten Rieden „Satz“ und „Turner“, die auch in hohen Prädikatsstufen immer eine gute Säurestruktur mit sich bringen. Dies gelingt ebenso mit Sauvignon blanc, Welschriesling, Ruländer (Pinot gris) und Chardonnay.

Robert Wenzel ist der Traditionslinie verhaftet geblieben, auch in seiner Philosophie, die von der Zeit der Donaumonarchie genährt wird. Der Erfolg seiner Weine gibt dieser Unverdrossenheit recht. So charmant und stilistisch perfekt wie diese sind, so stellt sich auch seine Person dar - ein „Grandseigneur“ des Ruster Ausbruchs sozusagen. Wer jemals bei ihm im Keller verweilt, wer seine Weine verkostet und mit ihm spricht, den umweht eine vergangene Epoche mit all ihren Höhen und Tiefen. Die alten Weinbaugeräte, die er aufbewahrt hat, wurden wieder instand gesetzt und anläßlich des 1000jährigen Bestehens Österreichs und des 1100jährigen Bestehens Ungarns in einer kleinen Ausstellung im Keller und im Hof des Hauses gezeigt.

Sohn Michael arbeitet mit dem Vater, hat aber den Ausbaustil betreffend teilweise andere Ideen: Vergärung im Edelstahltank und Ausbau im Barrique sind seine Vorstellungen, ohne daß jedoch die Weine ihre Herkunft leugnen sollen.

Unterkunft und Essen

Restaurant Inamera
Oggauer Straße 29
7071 Rust
Telefon u. Fax: 02685/64 73
Ein junges Restaurant, ein junges Team mit ambitionierter Küche und feiner Weinauswahl. Gastgarten.

Rusterhof
Rathausplatz 18
7071 Rust
Telefon: 02685/64 15 oder 64 16
Fax: 02685/64 16-11
Eines der besten Restaurants vor Ort, Gastgarten und vier Appartements.

Hotel Sifkovits
Am Seekanal 8
7071 Rust
Telefon: 02685/2 76 oder 3 60
Fax: 02685/3 60-12
Bodenständige Küche; gute Übernachtungsmöglichkeit.

Information und Tips

Tourismusverband
Conradplatz 1
7071 Rust
Telefon: 02685/5 02 oder 65 74
Fax: 02685/5 02-10

Weinakademie Österreich/ Weinakademie Burgenland
Hauptstraße 31
7071 Rust
Telefon: 02685/68 53
Fax: 02685/64 31
E-Mail: info@weinakademie.at
www.weinakademie.at
Weinseminare und -tutorien, Vinothek, Kulturprogramm. Das Seminar- und Fortbildungsprogramm richtet sich an in- und ausländische Weinfreunde.

Vinothek Weindörfl-Urbanihof
Seezeile 2
7071 Rust
Telefon: 02685/68 69
Fax: 02680/21 88-22
In einem der ältesten Häuser, direkt an der alten Stadtmauer gelegen, können hier über 350 Weine verkostet und erworben werden.

Radwandern

Durch Rust führt auch der Neusiedler See-Radweg „B 10“ - quer durch die Weingärten, entlang des Ruster Hügellandes - mit wunderbarem Ausblick auf den See. Wer will, kann aber auch in der Nähe des Schilfgürtels radeln. Radverleih gibt es selbstverständlich, wie fast in jedem Ort rund um den Neusiedler See.

Mörbisch am See

Anläßlich einer Grenzbegehung König Belas IV. wurde Mörbisch 1244 erstmals als „posessio Megyes“ erwähnt, 1385 schenkte Königin Maria Mörbisch der Stadt Ödenburg. Zahlreich sind die urkundlichen Belege aus dem 15. und 16. Jahrhundert über Weingartenbesitz und Weingartenstreitigkeiten, Funde aus der jüngeren Steinzeit bis zur Zeit der Goten im 5. Jahrhundert untermauern, daß dieser Landstrich ein ideales Siedlungsgebiet darstellt.
Heute sind 600 Hektar zu etwa 80 Prozent mit Weißweinsorten

bepflanzt. Die besten Rieden liegen Richtung See - „die Rebstöcke schauen aufs Wasser", sind großteils botrytisanfällig und daher für bestimmte blaue Sorten wie St. Laurent oder Pinot noir nicht gut geeignet.

An der Hauptstraße Mörbischs, dem letzten Ort vor der ungarischen Grenze, die nur für Fußgänger und Radfahrer offen ist, reihen sich alte Streckhöfe mit Hofgassen und Lauben, Scheunen und Ställe malerisch aneinander. Hier befindet sich auch das sehenswerte Heimathaus, das innen im Originalzustand erhalten ist. Unweit vom Zentrum beginnt die Dammstraße, die durch den Schilfgürtel zum Strand, zur Segelschule und zum Anlegeplatz für die Fähre nach Illmitz und Podersdorf führt. Selbstverständlich kann man von hier aus auch Bootsrundfahrten unternehmen. Auf diesem Areal liegt auch die Seebühne, auf der seit 1957 Operettenaufführungen (Mitte Juli bis Ende August) stattfinden, die einen fixen Bestandteil im burgenländischen Kulturschaffen darstellen.

Ried Goldberg

Goldberg, zwischen Mörbisch, St. Margarethen und Rust auf der Anhöhe des Ruster Hügellandes gelegen, ist eine der besten Rieden, vor allem im seeseitigen, oberen Bereich - der höhere Lehmanteil im Boden ist dafür ausschlaggebend. Zugleich ist sie die größte Lage in Mörbisch, wobei die unteren Parzellen etwas geringere Qualität ergeben. Neben Blaufränkisch werden auch Trauben für Prädikatsweine gelesen. Die Ried erreicht man am besten, wenn man von Mörbisch aus dem Radweg „B 10" Richtung Rust folgt.

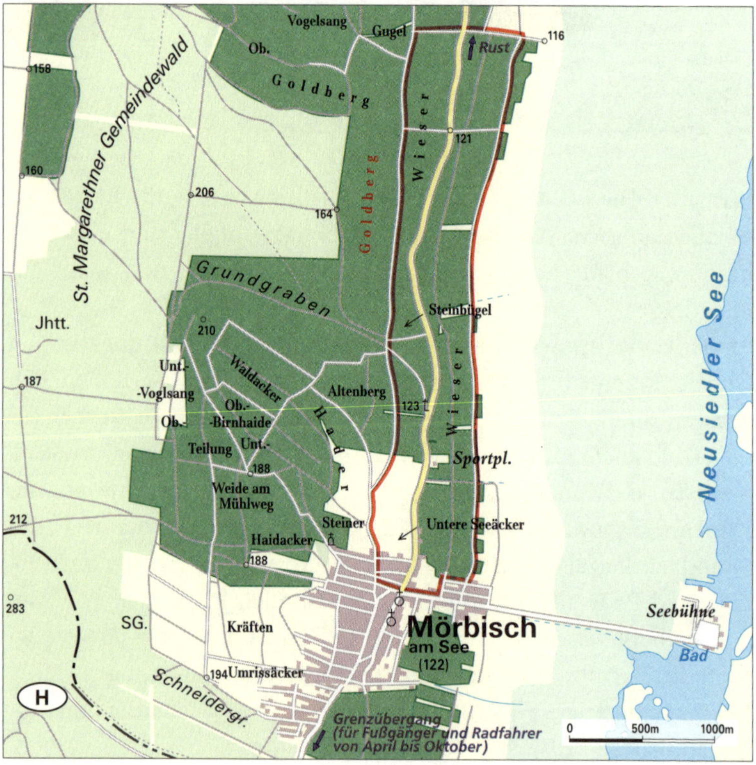

Winzer und Heurige

Franz Schindler
Neustiftgasse 6
7072 Mörbisch am See
Telefon u. Fax: 02685/83 26
E-Mail: weingut@cuveeschindler.at
Nach einigen Frankreichreisen und einer Praxis in Württemberg war sich Franz Schindler seiner Ziele bewußt. Bereits 1985 wurde eine rote „Cuvée d'Or" aus Blaufränkisch und Cabernet Sauvignon hauptsächlich in neuen Barriques vinifiziert. Seit 1991 gibt es die ebenfalls in kleinen Holzfässern ausgebaute „Cuvée d'Argent" aus Chardonnay, Sauvignon blanc und Neuburger. Außerdem ist Franz Schindler der Initiator des „Mörbischer Opernballweins", eines Welschriesling, der beim Wiener Opernball kredenzt wird. Das rote Pendant ist der Blaufränkisch „Ochs auf Lerchenau", benannt nach einer Figur aus der Oper „Der Rosenkavalier".

Unterkunft und Essen

Das Schmidt
Raiffeisenstraße 8
7072 Mörbisch
Telefon: 02685/82 94
Fax: 02685/84 48-13
www.tiscover.com/das.schmidt
Ruhige, gute Übernachtungsmöglichkeit und eine römische Badelandschaft mit Dampfgrotte.

Information und Tips

Tourismusinformation
Hauptstraße 23
7072 Mörbisch am See
Telefon: 02685/84 30 oder 88 56
Fax: 02685/84 30-9

Seefestspiele Mörbisch
Telefon: 02685/81 81-0
www.seefestspiele-moerbisch.at
Jeden Sommer werden auf einer der größten Freilicht- und Seebühnen (3.600 m²) Operetten gespielt, die sich aufgrund ihrer Qualität und des einzigartigen Umfeldes immer größerer Beliebtheit erfreuen.

Seefestspiele Mörbisch
Schloß Esterházy
7000 Eisenstadt
Telefon: 02682/6 62 10
Fax: 02682/6 62 10-14
www.seefestspiele-moerbisch.at

Oggau

Die Gemeinde liegt auf altem Siedlungsgebiet, bereits während der Jungsteinzeit soll die Gegend bewohnt gewesen sein. Ein früherer Name Oggaus war Caka, was auf slawisch Wachtposten bedeutet. In den Jahren 1630 bis 1632 erhielten die Bewohner von Ferdinand II. und 1638 von Ferdinand III. die Genehmigung der freien Weinausfuhr und der „Versilberung" (des Verkaufs) über die Leitha nach Niederösterreich und in andere Länder. Derzeit stehen 470 Hektar mit mehr als 80 Prozent Weißweinsorten in Ertrag; ein großer Teil davon ist Gemischter Satz. Früher hatte Rotwein - insbesondere Blaufränkisch - mehr Bedeutung als heute.
Oggau liegt etwa 2,5 km nördlich von Rust an der Straße nach Donnerskirchen. Sehenswert sind die Sakralbauten: die barocke Pfarrkir-

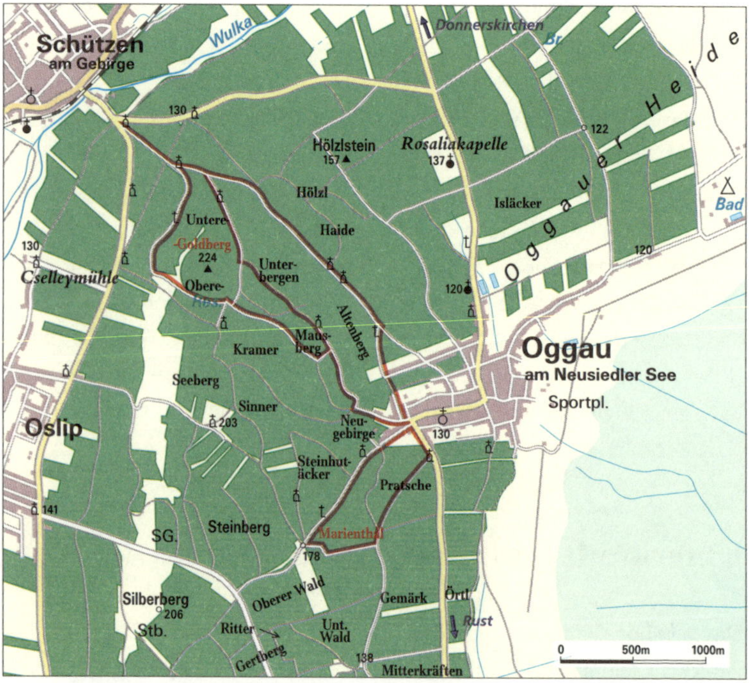

che, die Kriegerkapelle und die Rosalienkapelle, die etwa 1,5 km außerhalb von Oggau an der Straße nach Donnerskirchen liegt. Einen Besuch ist auch das älteste Viertel Oggaus zwischen Sebastianstraße und Triftgasse mit seinen Streckhöfen, Hofgässchen, Scheunen und historischen Giebelhäusern wert.
Ein Spaziergang Richtung Schützen eröffnet einen schönen Blick über den Neusiedler See. Wer die Oggauer Ried Marienthal besuchen will, biegt bei einem Bildstock kurz außerhalb der Straße nach Rust in einen Weg ein, der über die Ried Pratsche in die Marienthal führt. Der Rückweg geht an der Steinhutäcker vorbei zur Hauptstraße.

Winzer und Heurige

Wilhelm Mad - Haus Marienberg
Antonigasse 1
7063 Oggau
Telefon: 02685/72 07 oder
0664/2 81 88 90
Fax: 02685/72 07-4

Wilhelm Mad und seine beiden Schwiegersöhne bewirtschaften Rebflächen, die - mit einigen Ausnahmen - leicht erkennbar sind, weil die Stöcke in Vertiko-Erziehung wachsen; sie sind Bäumchen ähnlich. Die Sortenvielfalt ist groß und umfaßt unter anderem Welschriesling, Neuburger, Weißburgunder, Chardonnay und auch Riesling für Weißweine, für rote Blaufränkisch - aus dem auch ein Rosé gekeltert wird -, Zweigelt, Blauburgunder, Cabernet Sauvignon und Merlot.
Ein besonderes Anliegen ist Wilhelm Mad der schwierige St. Laurent. Von Vertragswinzern, die streng kontrolliert werden, werden Trauben zugekauft.
Die besten Weine aus den eigenen Weingärten werden in spezielle Antikflaschen mit Familienwappen abgefüllt, die anderen in Bordeauxflaschen. Außerdem werden verschiedene Trauben- und Weinbrände angeboten.

Unterkunft und Essen

Gasthof Sebastiankeller
Familie Scheidl-Landauer
Sebastianstraße 68
7063 Oggau
Telefon: 02685/72 97-0
Fax: 02685/72 97-4
Gemütliche Zimmer in ruhiger Lage, burgenländische Hausmannskost und Kinderspielplatz.

Information und Tips

Tourismusverband
Hauptstraße 52
7063 Oggau
Telefon: 02685/77 44
Fax: 02685/77 44-7

Blick auf die Kirche von Donnerskirchen

Donnerskirchen

Einige Einschnitte im Leithagebirge, Gräben, charakterisieren die Landschaft um Donnerskirchen am Südabhang dieses Hügelzuges. Leithakalke, Kalksande und Kalksandsteine bilden in 100 bis 200 m Breite den Südrand des Leithakalkgebietes. Aus diesen besteht auch der Hügel, auf dem die weithin sichtbare Kirche aus dem Jahr 1676 steht, die im 18. Jahrhundert barockisiert wurde. Sie ist dem hl. Martin, dem Schutzpatron des Burgenlandes, geweiht. Sehenswert ist auch der Winzerhof (Edelhof) an der Hauptstraße, ein ehemaliges Esterházy-Schloß aus dem 17. Jahrhundert, heute Sitz der Genossenschaft.

Donnerskirchen liegt an der Hauptverbindungsstraße zwischen Eisenstadt und Neusiedl am See, Richtung Süden führt eine Abzweigung nach Oggau, Rust und Mörbisch.

Die guten Lagen der insgesamt etwa 500 Hektar Rebfläche sind relativ klein, weil die Abhänge sehr steil sind und früher weniger Wald gerodet wurde. Donnerskirchen lädt zu aktiven oder beschaulichen Tagen im milden pannonischen Klima ein, ob zum Wandern, Radfahren, Schwimmen, Tennis- oder Golfspielen. Hier führt auch der Kirschblüten-Radweg „B 12“ entlang des Leithagebirges Richtung Purbach vorbei, ein idealer Rad- und Wanderweg.

Unterkunft und Essen

Restaurant Vinarium
im Leisserhof
Hauptstraße 57
7082 Donnerskirchen
Telefon: 02683/86 36
Fax: 02683/86 36-4

Im bodenständigen Weingasthof und im romantischen Innenhof unter den Weinlauben wird regionale Küche mit sehr guter Weinauswahl geboten.

Information und Tips

Tourismusinformation
Hauptstraße 29
7082 Donnerskirchen
Telefon: 02683/85 41
Fax: 02683/81 01
E-Mail:
donnerskirchen-tourism@wellcom.at

Burgenländisches Weinforum
Leisserhof
Hauptstraße 57
7082 Donnerskirchen
Telefon: 02683/86 36
Fax: 02683/81 66
E-Mail: office@leisserhof.at
www.leisserhof.at/weinforum
Veranstaltungen zu Kultur sowie Wein.
Öffnungszeiten: April bis Dezember
Fr. bis So. von 11 bis 20 Uhr

Radwandern

Der Kirschblüten-Radweg „B 12" führt über eine Länge von etwa 40 km und ist direkt an den Neusiedler See-Radweg angeschlossen. Der Weg verläuft am Fuße des Leithagebirges mit kurzen, steilen Anstiegen.

Eine Power-Rundtour von 28,7 Kilometern Länge führt von Mannersdorf im Norden des Leithagebirges über Purbach und Donnerskirchen wieder zurück zum Ausgangspunkt. Sie bietet einige Downhill-Passagen und eignet sich perfekt, um auf wenigen Höhenmetern die Fahrtechnik zu trainieren.

Gemeindevorstehung
Mannersdorf am Leithagebirge
Hauptstraße 48
2452 Mannersdorf / Leithagebirge
Telefon: 02168/6 22 52-0
www.mbike.at

Klassischer Innenhof

Purbach

Der Ortsname der alten, großen Weinbaugemeinde Purbach ist auf den Burgbach zurückzuführen; die Burg, nach der der Bach benannt worden ist, wurde 1270 von Truppen Ottokars II. zerstört. Aus demselben Jahr stammt auch die erste urkundliche Erwähnung von „Castrum Purpach“. 1515 ging die wiederaufgebaute Ortschaft Purbach in den Besitz der Herrschaft Eisenstadt über und wurde im Laufe der Zeit zu einer wohlhabenden Weinbaugemeinde. Zwischen 1630 und 1634 wurden die Maueranlagen befestigt, die heute noch zum Teil erhalten sind. Die Pfarrkirche ist dem hl. Nikolaus geweiht,

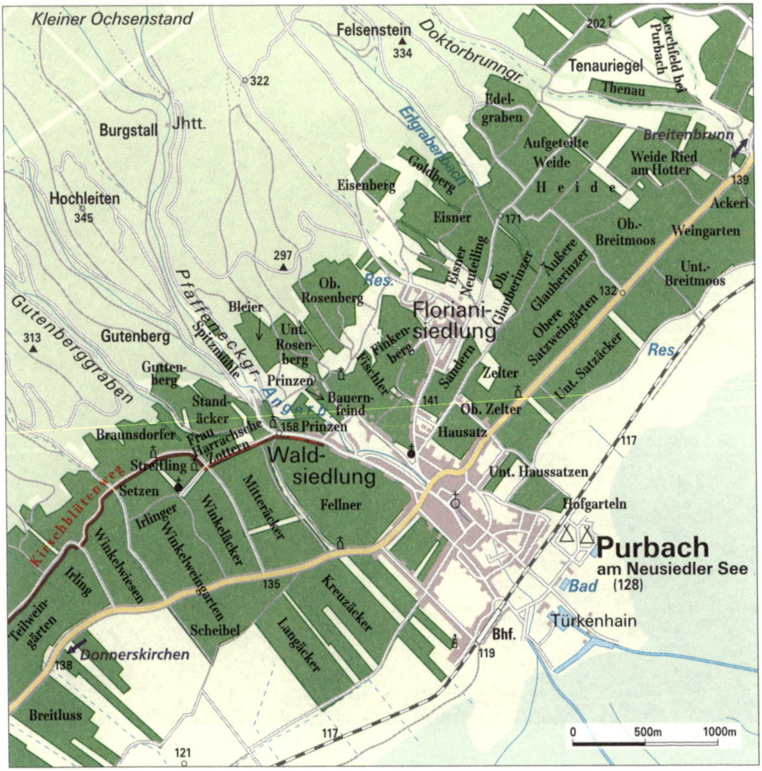

der Altar wurde 1780 errichtet. Im oberen Teil des viergeschoßigen Turms kann man spazierengehen und einen schönen Ausblick genießen.

Bekannt ist vor allem das „Haus zum Türken" mit einer steinernen Türkenfigur. Nach dem ersten Türkeneinfall vor Wien soll ein Türke unter dem Einfluß des Alkohols den Abmarsch seines Trupps versäumt haben und dann in den Dienst des Wirts getreten sein.

Derzeit werden etwa 600 Hektar Rebfläche bewirtschaftet; sie ist zu fast 90 Prozent mit weißen Sorten bepflanzt. Früher war der Rotweinanteil um einiges größer, was den natürlichen Voraussetzungen auch entspräche.

Erdkeller in Purbach

Die Weingärten am Leithagebirge sind zum geringen Teil steil. Die Böden haben einen hohen Anteil an kiesigem Sand, mitunter auch an Muschelkalk. Unterhalb der Straße nach Donnerskirchen weisen sie eine geringe Humusschicht auf. Die besten Purbacher Lagen befinden sich nördlich der Ortschaft und breiten sich in einem flach geneigten Kessel nach Südwesten und Südosten aus.

Was im Frühling als feiner, weißer Blütenschleier über der Landschaft liegt, gibt dem Kirschblüten-Radweg seinen Namen. Tausende weißblühende Kirschbäume inmitten hügeliger Weingärten, welche die Route säumen. Auf dem Weg nach Donnerskirchen biegt man vor dem Gasthof „Pauli's Stuben" in eine kleine, aber schöne Kellergasse ein. Die Keller sind aus Sandstein des Steinbruchs von St. Margarethen gebaut. Nach etwa 500 Metern schwenkt man bei einem Marterl Richtung Südwesten ein, die Kirche von Donnerskirchen ist schon von weitem sichtbar. An Rebsorten überwiegen hier hauptsächlich Blaufränkisch, Pinot noir und Chardonnay.

Winzer und Heurige

Weingasthof Pauli's Stuben
Familie Braunstein
Hauptstraße 18
7083 Purbach
Telefon: 02683/55 13-0
Fax: 02683/55 13-9
www.braunstein.at
Neben dem Chardonnay sind vor allem die Rotweine (Blaufränkisch, St. Laurent und Pinot noir) interessant. Der jahrgangsbeste Wein wird unter dem Begriff „Oxhoft" vermarktet.

Kirschenblüte

Reinhold Schwarz - Kloster am Spitz
Waldsiedlung 2
7083 Purbach
Telefon: 02683/55 19
Fax: 02683/55 19-20
Seit mehr als 20 Jahren betreibt Reinhold Schwarz Weinbau, mittlerweile auf einer Fläche von elf Hektar und unter tatkräftiger Mithilfe seines Sohnes Thomas. Neben trockenen Weißweinen, unter anderem aus Chardonnay und Sauvignon blanc, gilt das besondere Interesse den Rotweinen aus Cabernet Sauvignon, Blaufränkisch, Blauem Burgunder, Zweigelt und Merlot, die reinsortig oder in einer Cuvée, die je nach Jahrgang variiert wird, ausgebaut werden.

Unterkunft und Essen

Kloster am Spitz
Waldsiedlung 2
7083 Purbach
Telefon: 02683/55 19
Fax: 02683/55 19-20
Reinhold Schwarz kocht für die Gäste des zugehörigen Restaurants gleichen Namens, denen feine regionale Gerichte in einem gemütlichen Ambiente offeriert werden. Schöne Terrasse mit Blick auf den See. Parkplätze und Zimmer sind vorhanden. S. u. Winzer.

Die „Nikolaizeche" in Purbach

Weingasthof Pauli's Stuben
Familie Braunstein
Hauptstraße 18
7083 Purbach
Telefon: 02683/55 13-0
Fax: 02683/55 13-9
www.braunstein.at
Restaurant und Weingasthof. Gute regionale Küche wird geboten - mit Schwerpunkt auf die jeweilige Jahreszeit. Die Fremdenzimmer sind geräumig und standardisiert ausgestattet. Ruhiger Innenhof. S. u. Winzer.

Information und Tips

Tourismusinformation
Hauptgasse 38
7083 Purbach
Telefon: 02683/59 20
Fax: 02683/59 20-4
E-Mail: info@purbach.com

Weinmarkt Purbach
Neusiedler Straße 19
7083 Purbach
Telefon: 02683/50 80
Vinothek, die vor allem Weine aus Purbach zum Verkauf anbietet.

MITTEL-
BURGENLAND

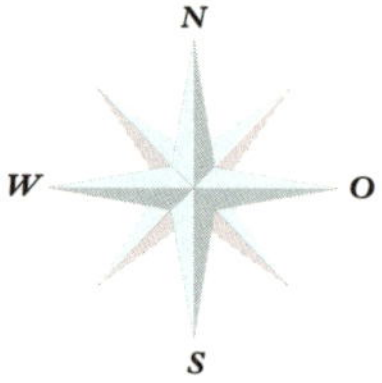

Sopron
186 Zollamt
Kart
Kogel
Baumfeld
Kleinteucht
Goldbach
Hutenbach
Mönch-wald
Bhf.
DEUTSCHKREUTZ
(192)
Goldbach
Schl.
181
Herrschaftsfeld
201
GIRM
Sandäcker
Gartenäcker
214
Martonkreuz
Höblisch
Siglosgrund
Hochbaum
Satz
Goldberg
Grübeläcker
UNTERPETERSDORF
(201)
Mitterberg
Tschicken
Fabian
Hoch-berg
245
Neuberg
Weißes Kreuz
Hst. Unterpetersdorf
Altes Weingebirge
223
Girmer Wald
Herrschaftsfeld
Frauenbrunnb.
Wald
Kreutzer
Urbanikpl.
291
Ragerberg
275
Jakobshof
Borowitza
Annahof
Dewni
268
Gerbe
Leschtje
271
260
Gaj
252
KLEINWARASDORF
(271)
Nikitschb.
249
NIKITSCH
(228)
Breschtje
Schl.
KROATISCH-MINIHOF
(254)
262
Nikitscher Wald
Kertschi
259
301
Donatuskpl.
NEBERSDORF
Pasche
Marienhof
Zaga
Majersko
Gornja - iosa
KROATISCH-GERESDORF
(238)
Zagabach
Radingbach
Ribizabach
LUTZMANNSBURG
(206)
Therme
221
STREBERSDORF
HOFSTATT
Rabnitz
Stoober Bach
205
Hochplateau
Lutschburger Weingebirge
FRANKENAU
(209)
223
274
UNGARN

Auch in der Region Mittelburgenland gab es vermutlich schon zu Zeiten der Römer Weinbau. Bis zu jener Zeit, als Karl der Fränker, besser bekannt als Karl der Große, die Gegend bereiste und den heimischen Weinbau zu forcieren begann, war es um diesen nicht gut bestellt. Erst im Spätmittelalter wurden nachweislich in Lutzmannsburg von Zisterziensermönchen Rebflächen kultiviert. Verwüstungen während der Türkenkriege im 16. und 17. Jahrhundert setzten den Weingärten arg zu. Die Gegend ist hügelig, das Landschaftsbild bestimmen meist Wälder und Felder.
Auf der Burg Lockenhaus, südlich von Oberpullendorf gelegen, hat das Internationale Kammermusikfestival unter der Leitung von Gidon Kremer international Beachtung gefunden. Weitere Pflichtbe-

suche in der Weinbauregion Mittelburgenland sind das Geburtshaus von Franz Liszt in Raiding sowie das Schloß Kobersdorf, wo im Renaissancehof die Komödie zu Hause ist. Von der Ruine Landsee aus, die über eine Abzweigung von der B 50 in St. Martin zu erreichen ist, eröffnet sich ein weiter Blick Richtung Osten.

2.100 Hektar Weingärten, wovon fast 70 Prozent mit Rotweinsorten bepflanzt sind, davon 60 Prozent Blaufränkisch, werden heute bearbeitet; deshalb wird das Mittelburgenland „Blaufränkischland" genannt. Die Blaufränkisch-Rebe stammt aber nicht aus Franken, sondern aus Württemberg, wo diese Rebe den Namen „Limberger" trägt. Vermutlich ist die Bezeichnung auf einen Ort in der Nähe von Maissau, Limberg, zurückzuführen, von dem ausgehend die Reben nach Württemberg gebracht wurden. Die nächsten Förderer des Blaufränkisch waren die Mönche des Zisterzienserordens, die weitere Reben aus ihrer Heimat Burgund in das Blaufränkischland brachten. So beispielsweise den Ruländer oder Pinot gris, der noch heute in Ungarn den Namen „Grauer Mönch" trägt.

Geologisch gesehen lagern über einem alten kristallinen Grundgebirge - das in der Gegend von Ödenburg, ungarisch Sopron, zutage tritt - Sedimente des sarmatischen Meeres, teilweise fossile Kalke. Die sandigen bis lehmigen, mitunter schottrigen Böden bilden eine gute Voraussetzung für den Weinbau.

Drei Hügelketten, im Norden das Ödenburger Gebirge, im Westen die Bucklige Welt und im Süden das Günser Gebirge, bieten Schutz vor kalten Winden. Vom Osten, von Ungarn her, wirkt sich das warme, pannonische Klima aus; der Neusiedler See, dessen südliches Ende nur etwa 20 Kilometer Luftlinie entfernt ist, wirkt klimaregulierend.

Eine Weinstraße durch die bekanntesten Rotweingebiete beginnt südlich von Eisenstadt bei Siegendorf im Weinbaugebiet Neusiedler See-Hügelland und führt über Zagersdorf, Mattersburg und Pöttelsdorf in das Mittelburgenland nach Neckenmarkt, Horitschon und Deutschkreutz und weiter Richtung Süden nach Lutzmannsburg.

Horitschon

Die Pfarre besteht seit dem Jahr 1469. Horitschon war ursprünglich mit Neckenmarkt verbunden, trennte sich jedoch, als Neckenmarkt evangelisch wurde. Horitschon ist eine Rotweingemeinde; 85 Prozent der Fläche sind mit blauen Sorten bepflanzt, wobei Blaufränkisch dominiert, der in den sechziger Jahren vermehrt ausgepflanzt wurde. Etwa 400 Hektar sind derzeit im Ertrag. In Horitschon überwiegen schwere, lehmige Böden, die für Blaufränkisch gut geeignet sind, weniger für Cabernet Sauvignon. Der Ort liegt auf 239 Meter Seehöhe, etwas höher als Deutschkreutz, was sich im kühleren Kleinklima bemerkbar macht. Die Weine sind dadurch in der Regel in ihrer Struktur etwas härter.

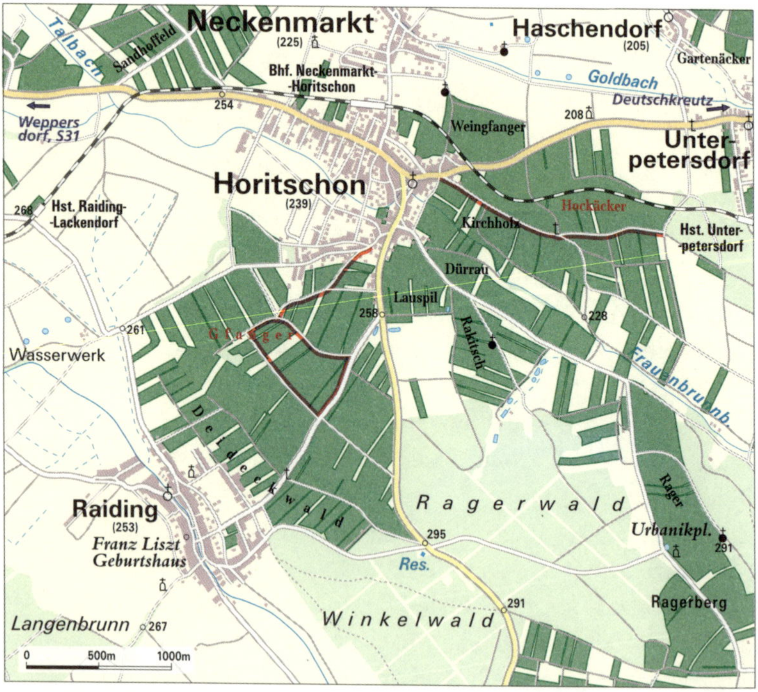

Blaufränkisch in der Ausreifung

1988 wurde der 1,5 Kilometer lange Rotweinlehrpfad eröffnet, Führungen sind ab zehn Personen gegen Voranmeldung am Gemeindeamt möglich. Der Rotwein-Radwanderweg „B 40" führt durch den Ort. Mit dem Auto ist Horitschon sowie das gesamte Blaufränkischland von Wien aus in einer Stunde Fahrzeit leicht zu erreichen. Horitschon selbst liegt an der B 62, Abfahrt von der S 31 oder B 50 in Weppersdorf Richtung Deutschkreutz.

Rieden Hochäcker - Gfanger

Eine der besten Rieden im Ort ist Hochäcker mit schweren Lehmböden, etwas Schotter und im unteren Bereich angeschwemmtem Humus. Blaufränkisch und etwas Zweigelt sowie Cabernet-Sauvignon sind ausgepflanzt. Die Ried Hochäcker liegt etwa einen Kilometer östlich von Horitschon an der Bahnlinie Richtung Deutschkreutz, erreichbar über eine Abzweigung von der Hauptstraße Richtung Friedhof.

Wo noch bis 1920 Wald war, befindet sich heute die Ried Gfanger in Richtung der Ortschaft Raiding im Südwesten von Horitschon, etwa eineinhalb Kilometer von der Pfarrkirche entfernt. Sie war früher in Gfangerwald, wie der obere Teil bezeichnet wurde, und in den unteren Gfangeracker eingeteilt. Es ist die größte Lage von Horitschon und qualitätsmäßig unterschiedlich einzuschätzen. Feuchtigkeitsspeichernder, leichter Lehmboden herrscht vor, die unteren Schichten sind sehr kalkhaltig. Blaufränkisch, Zweigelt und Merlot stehen hier.

Winzer und Heurige

Rotweingut Iby
Kirchengasse 4a
7312 Horitschon
Telefon: 02610/4 22 92-0
Fax: 02610/4 22 92-90
E-Mail: iby@aon.at
www.iby.at
1983 begannen Anton und Hanni Iby die Weine selbst zu vinifizieren und zu vermarkten, erst seit Ende 1993 sind sie keine Nebenerwerbswinzer mehr. Die 14 Hektar Rebfläche sind ausschließlich mit blauen Sorten, über 60% Blaufränkisch, 16% Zweigelt und je 8% Cabernet Sauvignon, Merlot und Pinot noir, bepflanzt. Hat sich schon mit den Jahrgängen 1992 und 1993 deutlich der Wille zur Qualitätssteigerung gezeigt, darf jetzt, da die gesamte Arbeitsenergie dem Weinbau zugute kommt, mit Spannung auf die neuen Weine gewartet werden.

Paul Kerschbaum
Hauptstraße 37
7312 Horitschon
Telefon u. Fax: 02610/4 23 92
Paul Kerschbaum übernahm 1989 den Betrieb, der in den letzten Jahren mustergültig umgebaut wurde, und versteht es, gebietstypische Rotweine auf hohem Niveau zu produzieren. Insgesamt werden 12,5 Hektar Weingärten bewirtschaftet, von denen mehr als 90% mit blauen Sorten - überwiegend Blaufränkisch, weiters Zweigelt, Cabernet Sauvignon und Pinot noir - bepflanzt sind. Die Weine werden teils traditionell, teils im Barrique ausgebaut und reinsortig abgefüllt oder in der Cuvée „Imperator“ aus Zweigelt, Blaufränkisch und Cabernet Sauvignon verschnitten.

Weingut
Franz und Martina Weninger

Florianigasse 11
7312 Horitschon
Telefon: 02610/4 21 65
Fax: 02610/4 21 65-50
E-Mail: weingut@weninger.com
www.weninger.com

Von den Weingärten sind mehr als die Hälfte mit Blaufränkisch bestockt, weiters stehen Cabernet Sauvignon, Zweigelt, St. Laurent und Merlot im Ertrag. Das Durchschnittsalter beträgt in den besten Lagen Hochäcker, Kirchholz und Dürrau mehr als 30 Jahre, manche Stöcke sind sogar über 70 Jahre alt; das ist auch der Grund, warum beim Blaufränkisch die höherwertige, kleinbeerige Spielart überwiegt. Die ersten Barriqueversuche fanden 1985 statt, und seither wurde viel experimentiert, unter anderem mit amerikanischer Eiche. Auch wenn Franz Weninger großen Wert auf Frucht und Sortencharakter legt, wirken seine Weine doch oft holzbetont. Bei einigen Blaufränkischweinen steht ein leichter, nicht unangenehmer, aber auch nicht sortentypischer Cabernet Sauvignon-Geschmack im Vordergrund, was wohl den Grund hat,

Kleiner See bei Horitschon

daß Fässer verwendet werden, in denen vorher Cabernet ausgebaut wurde. Seit 1987 werden die Premiumweine ohne Filtration abgefüllt. Seit Anfang der neunziger Jahre besteht eine Kooperation mit dem ungarischen Weingut Attila Gere in einem der bekanntesten Rotweinorte Ungarns, in Villány. Neben der Hauptsorte Kékoporto, dem Blauen Portugieser sehr ähnlich, möglicherweise mit ihm ident, werden dort schon seit etwa 100 Jahren Cabernet Sauvignon und Cabernet Franc kultiviert.

Information und Tips

Gemeindeamt Horitschon
Hauptstraße 43
7312 Horitschon
Telefon: 02610/4 22 41-0
oder 4 21 16-0
Fax: 02610/4 21 16-22

Ortsvinothek Horitschon
Kirchenplatz
7312 Horitschon
Telefon u. Fax: 02610/4 31 94
Öffnungszeiten Do. bis So. 15 bis 18 Uhr.
Über 80 Weine und Edelbrände können hier verkostet und zu Ab-Hof-Preisen erworben werden.

Sonnenland Mittelburgenland
Hauptstraße 9
7350 Oberpullendorf
Telefon u. Fax: 02612/4 50 50
E-Mail: mb-tourism@bnet.co.at

Burgenland Tourismus
Schloß Esterházy
7000 Eisenstadt
Telefon: 02682/6 33 84-0
Fax: 02682/6 33 84-32
info@burgenland-tourism.co.at
www.burgenland.at/tourismus
www.tiscover.com/burgenland

Radwandern

Für Radfahrer ist der Rotwein-Radweg „B 40" zu empfehlen. Quer durch die berühmtesten Rotweinzentren des Mittelburgenlandes führt dieser Radweg in das sonnenreiche Gebiet rund um Raiding, Deutschkreutz, Neckenmarkt und Horitschon. Hier finden sich nicht nur unzählige Buschenschenken, sondern auch rares Brauchtum, wie das Neckenmarkter Fahnenschwingen am Sonntag nach Fronleichnam. Der Rotwein-Radweg verläuft als cirka 36 Kilometer langer Rundkurs durch ein Gelände mit manchmal kurzen, mitunter steilen Steigungen, stellt aber selbst für ungeübte Radfahrer kein Problem dar. Auf dem Weg von Deutschkreutz nach Kleinwarasdorf muß man allerdings das Rad über eine Radstiege mit 20 Stufen tragen.

Neckenmarkt

Die Geschichte Neckenmarkts, das 1482 zur Marktgemeinde erhoben wurde, ist untrennbar mit jener des Weinbaus verbunden. Bereits die Kelten und Römer haben im Gebiet von Neckenmarkt Wein angebaut. Ab dem 15. Jahrhundert betrieb man hier auch den sogenannten „Weinfernhandel“ - die Weine wurden beispielsweise nach Böhmen und Mähren, oftmals im Tausch gegen Naturalien, verkauft.
Kultur und Tradition treffen einander bei der Pflege des Brauchtums, wie etwa beim berühmten „Fahnenschwingen“, bei dem man der erfolgreichen Mithilfe der Neckenmarkter Bauern im Kampf des Für-

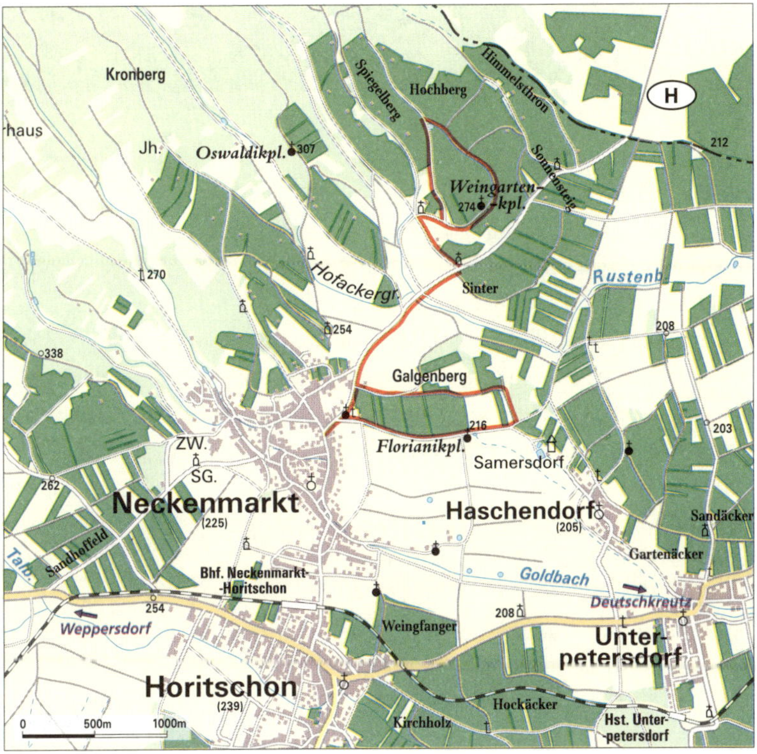

Die Weingartenkapelle bei Neckenmarkt

sten Esterházy gegen seine Feinde im Jahr 1620 gedenkt. Alljährlich, am Sonntag nach Fronleichnam (= zwei Wochen nach Pfingsten), findet das „Fahnenschwingen" statt, bei dem die Akteure in alter Tracht, der „Hajduken-Uniform", auftreten.
Neckenmarkt liegt auf 225 m Seehöhe am Südabhang des Ödenburger Gebirges in einer wasserreichen Senkmulde, ganz nahe der ungarischen Grenze, erreichbar über eine Abzweigung von der B 62 mitten in Horitschon Richtung Norden. Die Böden sind zumeist schottriger und weniger lehmig als in Horitschon. Die besten Lagen befinden sich am Südhang des Ödenburger Gebirges und profitieren klimatisch vom nahen Neusiedler See.

Hier laden der Radwanderweg „B 40" und einige Güterwege zum Spazieren ein.
Sehenswert ist die kleine Weingartenkapelle im Weingebirge aus dem Jahr 1735. An der alten Verbindungsstraße Richtung Harkau

(Ungarn) ist auch eine Statue des Donatus zu sehen, die die Weinlagen vor dem Hagel schützen soll. Für Radfahrer ist der Weg zur Kapelle mittelschwer, dafür wird man durch eine wunderschöne Aussicht belohnt. Ein anderer Spaziergang führt zur Florianikapelle, die Richtung Haschendorf liegt. Dazu schwenkt man bei einem Wegkreuz in Richtung Osten in einen Güterweg ein.

Hier läßt sich's gut radeln

Winzer und Heurige

Stefan Wellanschitz - Weingut Donatus
Lange Zeile 28
7311 Neckenmarkt
Telefon: 02610/4 23 02
Fax: 02610/4 23 02-4
E-Mail: wellanschitz@winzer.at
www.winzer.at/wellanschitz

Stefan Wellanschitz ist seit 1990 allein für den Keller verantwortlich. In Neckenmarkt wurden früher überwiegend weiße Sorten ausgepflanzt, und so ist es nicht verwunderlich, daß in diesem Weingut fast

ein Drittel der Rebflächen mit Welschriesling, Weißburgunder und Chardonnay bestockt ist. Von den Rotweinen sind die unterschiedlich vinifizierten Blaufränkisch - traditionell, Barrique, Altes Barrique - besonders interessant.

Information und Tips

Gemeindeamt Neckenmarkt
Rathausgasse 1
7311 Neckenmarkt
Telefon: 02610/4 22 63
Fax: 02610/4 22 63-19
E-Mail: post@neckenmarkt.bgld.gv.at

Vinothek Neckenmarkt
Rathausgasse 1
7311 Neckenmarkt
Telefon: 02610/4 22 63-16
Fax: 02610/4 22 63-19
Weinverkostung und Kauf zu Ab-Hof-Preisen.
Öffnungszeiten: Do. bis So. von 15 bis 18 Uhr.

Fahnenschwinger-Weinbaumuseum
Maria Wieder
Herrengasse 1
7311 Neckenmarkt
Telefon: 02610/4 23 05

Deutschkreutz

Die Ortschaft Deutschkreutz war schon in der Römerzeit besiedelt. Die erste Erwähnung findet man 1245. In diesem Grenzort zu Ungarn, nur wenige Kilometer Luftlinie vom Neusiedler See entfernt, etwa sieben Kilometer östlich von Horitschon an der B 62 gelegen, überwiegen kalkreiche, lehmige und sandige bis schottrige Böden. Das Schloß in seiner jetzigen Form wurde 1625 von Paul Nádasdy errichtet. Besonders sehenswert ist der Innenhof des Gebäudes, das der bekannte Maler Anton Lehmden 1966 erworben hat.
Bei der Pfarrkirche Deutschkreutz handelt es sich um eine echte Lehmdenkirche. Prof. Lehmden lieferte sämtliche Entwürfe für die groß angelegten Umgestaltungsarbeiten an der Pfarrkirche in den Jahren 1973 und 1974. Die Innenausstattung der Kirche, ein Kreuzweg mit 14 Stationen, sechs bemalte Antikglasfenster und das

Neuer Weingarten

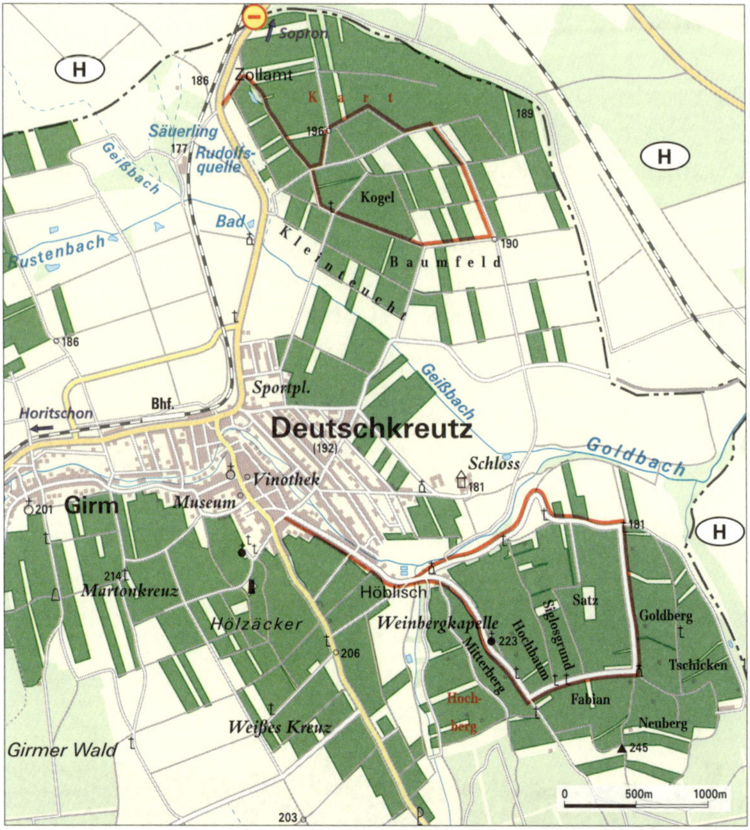

Gemälde „Madonna in den Weinbergen", sowie das große Mosaik an der Nordfassade wurden ebenfalls von Anton Lehmden gestaltet.

Die 755 Hektar Rebfläche in Deutschkreutz sind fast zur Hälfte mit Rotweinsorten bepflanzt. Ideale Anbaubedingungen findet hier vor allem der Cabernet Sauvignon, da der Anteil von Schotter im Boden sehr hoch ist. Der Blaufränkisch hat in Deutschkreutz eine etwas andere Note als im übrigen Mittelburgenland - er fällt hier etwas würziger aus. Auch der Weißburgunder und der Chardonnay gedeihen hier vortrefflich.

Ried Kart

Die Ried Kart liegt etwa eineinhalb Kilometer nordöstlich von Deutschkreutz, direkt an der Grenze zu Ungarn, und ist sowohl zu Fuß als auch per Rad leicht erreichbar. Von ihr aus sieht man Richtung Süden das Schloß liegen. Die Kart ist eine ebene, schottrige Südostlage, die nach Rodung des Waldes erst in den sechziger Jahren entstanden ist. Sie wird von einem Wald begrenzt und ist in den Randzonen stark frostgefährdet. Besonders gut gedeiht Cabernet Sauvignon, wenn der Jahrgang paßt.

Ried Hochberg

Die Ried Hochberg liegt südöstlich von Deutschkreutz, etwa eineinhalb Kilometer vom Ortszentrum entfernt, an der Straße nach Nikitsch. Hochberg ist eine sehr gute südliche Rotweinlage mit kargen Böden, die im mittleren Bereich leicht ansteigt. Von hier hat man an klaren Tagen einen wunderschönen Ausblick bis nach Sopron, zum Neusiedler See und hinüber zum Schneeberg. Östlich der Hochberg erheben sich die Rieden Goldberg und Fabian, eine der besten Lagen vor Ort. Hauptsächlich Blaufränkisch ist hier ausgepflanzt.

Winzer und Heurige

Josef Gager
Karrnergasse 8
7301 Deutschkreutz
Telefon: 02613/8 03 85
Fax: 02613/8 03 85-15

Blaufränkisch, Zweigelt und Cabernet Sauvignon werden reinsortig ausgebaut. Die Cuvée „Quattro“ besteht aus Cabernet Sauvignon, Blaufränkisch, Zweigelt und St. Laurent. Von 1988, der ersten Abfullung, bis 1991 wurde statt letzterem Blauer Portugieser verschnitten.

Engelbert und Albert Gesellmann

Lange Gasse 65
7301 Deutschkreutz
Telefon: 02613/8 03 60
Fax: 02613/8 03 60-15
E-Mail: info@gesellmann.at oder gesellmann@utanet.at
www.gesellmann.at

Seit Mitte der siebziger Jahre und dem Beginn der „Rotweinwelle" wurde den blauen Sorten mehr und mehr Beachtung geschenkt. Heute werden von 22 Hektar Rebfläche 70 Prozent rote Qualitätsweine, weiters trockene Weißweine und, wenn es der Jahrgang erlaubt, Eiswein vinifiziert und selbst vermarktet. Weiß gibt es eine leichte, fruchtige Cuvée, Pinot blanc und Chardonnay. Dieser wurde erstmals 1985 im Barrique gelagert, seit 1990 wird er auch im kleinen Holzfaß vergoren, was den Wein deutlich harmonischer macht.

Die Rotweine aus den Sorten Blaufränkisch, Cabernet Sauvignon, Zweigelt, Blauburgunder, Merlot und St. Laurent werden teils reinsortig, teils als Cuvées ausgebaut. Mit der ersten Lese von Cabernet Sauvignon 1988 gab es die erste Cuvée aus barriquegereiftem Blaufränkisch, Cabernet Sauvignon, St. Laurent und Blauburgunder mit der Bezeichnung „Opus Eximium", was aus dem Lateinischen übersetzt soviel wie „außerordentliches Werk" oder „besondere Anstrengung" bedeutet. Seit 1992 werden Cabernet Sauvignon und Merlot etwa im Verhältnis zwei Drittel zu einem Drittel verschnitten und unter dem Namen „Bela Rex" verkauft. Ziel bei den Cuvées ist, eine kontinuierliche Qualität anbieten zu können, ohne den jeweils jahrgangsbedingten Charakter zu leugnen.

Sohn Albert brachte von längeren Auslandsaufenthalten in Südafrika und Kalifornien neue Ideen mit, führt jedoch grundsätzlich die Linie seines Vaters fort. Seiner Meinung nach ist eine weitere Steigerung der Qualität durch noch intensivere Weingartenarbeit und Erfahrungen bei der Vinifizierung, insbesondere was das Holz, die Größe und die Form der Fässer sowie die Dauer der Lagerung betrifft, möglich.

Weingut Hans Igler

Lange Gasse 49
7301 Deutschkreutz
Telefon: 02613/8 02 13
Fax: 02613/9 82 25

Die Qualitätssteigerung im österreichischen Rotweinausbau ist untrennbar mit dem Namen und vor allem mit der Person Hans Igler verbunden. Während in den sechziger und siebziger Jahren meist schwache Rotweine produziert wurden, die teils mit Weißwein vermischt oder stark aufgezuckert wurden, entwickelte Hans Igler einen Qualitätsbegriff für trockenen Rotwein, indem er sich einerseits mit der Geschichte des Weinbaus in Deutschkreutz beschäftigte, andererseits einen Blick über die Grenzen warf und sich mit neuen Rebsorten und Vinifizierungsmethoden vertraut machte. Er dünnte die Trauben in seinen Weingärten rigoros aus, setzte Cabernet Sauvignon und erstand 1981 gebrauchte Barriquefässer von Château Latour. So wurde er zum Vorbild für viele andere Winzer.

Nach dem frühen Tod dieses Rotweinpioniers im Jahr 1994 fragte man sich in der österreichischen Weinszene, wie es mit dem Betrieb wohl weitergehen würde. Die Sorgen waren unbegründet: Schwiegersohn Wolfgang Reisner, „Lehrling" von Hans Igler und seit mehreren Jahren im Weinkeller mitverantwortlich, und seine Frau Waltraud, geprüfte Weinbau- und Kellermeisterin, führen mit Unterstützung von Mutter Maria Igler die Qualitätslinie weiter. Waltraud Reisner-Igler kümmert sich vor allem um die Weingärten.

Als Hauptrebsorten sind Blaufränkisch, Cabernet Sauvignon, Pinot noir und St. Laurent ausgepflanzt, die alle solo ausgebaut werden, teils im Barrique, teils ohne. Außerdem wird eine Cuvée „Vulcano" aus überwiegend Blaufränkisch und ungefähr 25 bis 30 Prozent Cabernet Sauvignon vinifiziert. Bei den weißen Sorten kann - je nach Jahrgangsqualität - der Weißburgunder (Pinot blanc) überzeugen.

Mit der Gestaltung der Etiketten ist seit 1983 - auch das war damals eine Novität in Österreich - Anton Lehmden beauftragt, der im Sommer im Deutschkreutzer Schloß wohnt.

Unterkunft und Essen

Weingasthof u. Hotel Schreiner
Girmerstraße 45
7301 Deutschkreutz
Telefon: 02613/8 03 22
Fax: 02613/8 03 22-4
Ein geführter Familienbetrieb bietet Hotelqualität in ruhiger Gartenlage an; weiters regionale Speisen, Radverleih, Sauna und Solarium.

Buschenschank Kreitzs Keller
Fam. Hofstädter
Rausnitzstraße 14
7301 Deutschkreutz
Telefon: 02613/8 95 09
Eine kleine, urige Buschenschank mit Gewölbekeller aus dem 18. Jahrhundert sowie Garten mit kleinem Speise- und Weinangebot.
Ausg'steckt ist in den Monaten Februar, Mai, August und November.

Information und Tips

Gebietsvinothek und Tourismusverband
Hauptstraße 55
7301 Deutschkreutz
Telefon: 02613/8 97 68
Fax: 02613/8 97 68 4
Geöffnet: täglich 11 bis 18 Uhr, im Sommer 11 bis 19 Uhr.
Die Gebietsvinothek ist seit 1995 in Betrieb und dient gleichzeitig als Büro für den örtlichen Tourismusverband. Das Besondere an dieser Vinothek ist, daß der Preis für Flaschenweine derselbe ist wie beim Winzer. Weine von 31 Winzern aus Deutschkreutz, Horitschon, Neckenmarkt, Lutzmannsburg und Unterpetersdorf können verkostet und erworben werden.

Lutzmannsburg

Lutzmannsburg ist eine Rotweingemeinde mit cirka 80 Prozent Rotweinanteil und liegt 20 Kilometer südlich von Deutschkreutz knapp an der ungarischen Grenze. Auf lehmigen Böden mit Lößanteil werden etwa 150 Hektar von Kleinbetrieben und Nebenerwerbswinzern bewirtschaftet. Hauptrebsorte ist Blaufränkisch. Das Weinanbaugebiet liegt südlich von Lutzmannsburg im Lutschburger Weingebirge, durch das zahlreiche Wandermöglichkeiten führen.
Das Ortsbild mit seinen typischen Langhäusern und Arkadenhöfen gehört zu den schönsten im Mittelburgenland. Wo früher die Burg stand, findet man heute die Wehrkirche aus dem 14. Jahrhundert. Im Heimatmuseum kann man das historische Leben der traditionsbe-

wußten Lutzmannsburger anschaulich erleben. Als ein wahrer Urlaubstip für die ganze Familie hat sich die „Sonnentherme Lutzmannsburg-Frankenau" etablieren können. Hotels mit moderner Ausstattung bieten in unmittelbarer Nähe eine gute Unterkunft. Die Vinothek ist ebenfalls einen Besuch wert.

Information und Tips

Marktgemeindeamt Lutzmannsburg-Strebersdorf
Schulgasse 15
7361 Lutzmannsburg
Telefon: 02615/8 72 02-0
Fax: 02615/8 71 60

Sonnentherme Lutzmannsburg-Frankenau
Thermengelände 1
7361 Lutzmannsburg
Telefon: 02615/8 71 71
Fax: 02615/8 71 71-20
E-Mail: info@sonnentherme.at
www.sonnentherme.at
Sehr informative Homepage, die zahlreiche Informationen zu Unterkünften und Veranstaltungen im Mittelburgenland beinhaltet.

Die Vinothek
Am Thermengelände 4
7361 Lutzmannsburg
Telefon: 02615/8 74 79
oder 8 12 22
Fax: 02615/8 12 22-6
www.twinet.net/die vinothek
Öffnungszeiten: ganzjährig von 13 bis 18 Uhr.
In klimatisierten Verkostungsräumen können bis zu 220 Weine verkostet werden. Ein Video informiert über das Blaufränkischland.

Radwandern

Für Radfahrer wurde der Familientherme-Radwanderweg „B 43" eingerichtet, ein Streckenabschnitt geht ebenfalls durch das Lutschburger Weingebirge. Der Rundkurs weist eine Länge von etwa 21 km auf, ist durchgehend asphaltiert und verläuft ohne nennenswerte Steigungen.

Abtei Klostermarienberg
Telefon: 02611/32 48 oder 22 04
Öffnungszeiten: Mai bis Oktober.
Do. bis So. 14-17 Uhr
Das Kloster befindet sich in der

Ortschaft Klostermarienberg zwischen Mannersdorf und Lutzmannsburg. 1995 konnte die Landesausstellung „Kunst im Burgenland nach 1945" in den Räumen des Klosters gezeigt werden. 1996 folgte die Ausstellung „Das Wirken der Zisterzienser im pannonischen Raum". Diese Ausstellung wird als ständige Schausammlung weitergeführt.

Burgenländische Küche

Der österreichische Gastrosoph Joseph Wechsberg stellte den ungarischen Koch und Gastronomen Károly Gundel auf eine Stufe mit August Escoffier und Fernand Point. Zwischen den beiden Weltkriegen revolutionierte Gundel die ungarische Küche in seinem Restaurant in Budapest wie Escoffier und Point die französische. Bis heute wirken seine Erkenntnisse auch im Burgenland nach, selbst wenn die oft offerierte „Gundel-Palatschinke" - mit Nußfülle und Schokoladensauce - mit dem Original bisweilen nur mehr den Namen des Schöpfers gemein hat.
Die burgenländische Küche wird gerne mit „pannonisch" gleichgesetzt. Darunter werden allgemein Speisen mit viel Knoblauch und Paprika gewürzt verstanden; außerdem Zutaten wie Kraut oder Rahm. Eine genauere Definition besteht nicht; vermutlich soll mit dem Begriff einfach die Affinität aufgrund der früheren Zugehörigkeit zu Ungarn ausgedrückt werden. So sind auch zahlreiche Gerichte nach Orten in Ungarn benannt, etwa nach Szeged in Südungarn - Szegediner Krautfleisch, Szegediner Gulasch - oder nach Debrezen in Ostungarn - Debrezener bzw. Debreziner Würste sind scharf mit Paprika gewürzt, Debreziner Rostbraten.
Große Bedeutung, vor allem im nördlichen Teil des Bundeslandes, hat der feldmäßige Gemüsebau - Gurken, Paradeiser (Tomaten), Zwiebeln, Karotten (Möhren), Paprika, Zucchini, Bohnen, Sellerie, Kraut, Kohlrabi, Kukuruz (Mais), Majoran und Salat. Kopfsalat - der

„Grüne Salat“ in seiner heutigen Form - wurde im späten 16. Jahrhundert über Frankreich auch in Österreich bekannt. Früher wurde der Salat unter seinem speziellen Namen einzeln serviert: Vogerl-, Bummerl-, Häuptelsalat und andere mehr. Heute ist das anders: ein „Salatteller“ enthält mindestens drei Blattsalate, manchmal auch mehr. Eine Eigenart in Österreich ist die Beigabe von Zucker zur Marinade, selbst wenn neben der klassischen Essig-Öl-Sauce immer öfter Joghurt-Sauce oder andere Marinaden angeboten werden.
Sehr beliebt sind im Burgenland Suppen - deshalb spöttelte man früher gerne über die „Suppenschwaben“. Grundlage in der Bauernküche waren meist Gemüse, Milch oder Brot. Ebenfalls oft gegessen werden verschiedene Strudel, pikant oder süß gefüllt, als Suppeneinlage, Hauptgericht oder Nachspeise. Der Ursprung dieser Gerichte liegt im Orient, und sie sind wichtiger Bestandteil der türkischen und arabischen Küche. Der Teig dafür wird „ausgezogen“, was einer gewissen Geschicklichkeit bedarf. Zuerst wird aus 250 g glattem (sehr fein gemahlenem) Mehl, das gesiebt werden sollte, ein bis zwei Eßlöffeln Öl, einer Prise Salz und lauwarmem Wasser - die Menge hängt von der Luftfeuchtigkeit und damit der Feuchtigkeit des Mehls ab - ein glatter Teig geknetet, der sich von den Händen lösen muß. Man formt ihn zu einer Kugel, bestreicht ihn mit Öl und läßt ihn etwa eine halbe Stunde zugedeckt rasten - am besten unter einer mit heißem Wasser ausgespülten, abgetrockneten, umgedrehten Schüssel. Dann wird er auf einem großen Tisch auf einer bemehlten Unterlage (Tuch) erst ausgerollt und dann „ausgezogen“, indem man mit den Handrücken (Ringe abnehmen, sonst entstehen Löcher!) unter den Teig greift und ihn nach außen vorsichtig dehnt - bis er so dünn ist, daß man eine Zeitung durch ihn hindurch lesen kann; die dicken Teigenden werden weggeschnitten. In Österreich gibt es gute Fertigprodukte zu kaufen, wodurch man sich diese etwas mühselige Arbeit ersparen kann. Das selbstgemachte oder fertige Strudelblatt wird mit flüssiger Butter bestrichen, dann wird auf etwa zwei Drittel die Fülle verteilt und der Strudel mit Hilfe des darunterliegenden Tuches

aufgerollt, möglichst mit der Naht nach unten auf ein gefettetes Backblech gesetzt und je nach Fülle bei 180 °C bis 220 °C etwa 30 bis 45 Minuten gebacken.
Typisch ist der Bohnenstrudel, für dessen Fülle kleine weiße Bohnen gekocht und fein faschiert (durch den Fleischwolf gedreht) werden. Diese Masse wird anschließend mit etwas Grieß und Rahm vermengt und mit Salz, Pfeffer und Majoran gewürzt.
Für Erdäpfelstrudel werden gekochte, zerdrückte Erdäpfel (Kartoffeln) mit angerösteten Zwiebeln, Eiern und Rahm vermischt; auch mit Speckwürfeln und Zwiebeln gedünstetes Kraut wird als Fülle verwendet. Zur Bereitung der verschiedenen Obststrudel röstet man Brösel in Butter an, streut sie auf den Teig, gibt darauf das gewaschene, gegebenenfalls entkernte, zerkleinerte Obst - Kirschen, Zwetschgen, in Spalten geschnittene Äpfel oder Birnen, Weintrauben, Erdbeeren - und Zucker nach Geschmack, eventuell auch geriebene Nüsse, Rosinen und/oder Zimt, und streut vor dem Zusammenrollen nochmals Brösel darüber.
Fische blieben wie in anderen Regionen dem Adel und dem städtischen Bürgertum vorbehalten. Heute kommen im Neusiedler See besonders Zander, Hechte, Aale und Karpfen vor.
Auch Geflügel - Enten, Gänse, Hühner - war einst „Herrenspeise" und wurde aus dem Seewinkel und dem angrenzenden Ungarn nach Wien geliefert, wo nach wie vor viel ungarisches Geflügel erhältlich ist. Zu Martini, also am 11. November, mußten von den Bauern die jungen Gänse an die Herrschaften abgeliefert werden. Diese verspeisten die Tiere üblicherweise gleich - von daher kommt die Tradition des „Martinigansl-Essens", während die Bauern noch zuwarteten - etwa bis Weihnachten, bis die Gänse größer waren und mehr Portionen ergaben.
Wenn es in der burgenländischen Bauernküche Fleisch gab, dann meist vom Schwein. Erdäpfel, die sich hier erst im 19. Jahrhundert durchsetzten, wurden ursprünglich überwiegend für die Schweinemast verwendet.

Der Obstbau ist im Burgenland nicht zu vernachlässigen. Als erstes zeigen im Frühjahr die Mandelbäume ihre rosa Blüten. Zwischen Mitte und Ende April blühen um Donnerskirchen am westlichen Ufer des Neusiedler Sees Hunderte von Kirschbäumen. Ab Ende Mai reifen die Erdbeeren; besonders bekannt ist die Region um Wiesen (nahe Mattersburg), wo auf den Feldern selbst geerntet werden kann.

Knigge ohne Regeln

Welcher Wein zu welchem Essen, das ist weitgehend Geschmackssache. Einige Regeln in Sachen Weinkultur gibt's aber doch. Oder: Schlag nach bei Homer: „Wenig, aber mit Liebe!"

Froschschenkel nach Elsässer Art, gefüllte Giraffenhälse oder Somlauer Nockerln - kein Gericht der Welt, für das es kein Rezept gäbe, ob in Omas Kochbüchern oder in Aufzeichnungen der alten Römer. Welcher Wein aber zu welchem Fleisch, Fisch oder ob überhaupt Wein, diese Frage stellt sich immer wieder.

Zum Beispiel eignen sich schwere, an Gerbstoffen (Tannine) reiche Rotweine nur zu wenigen Gerichten, Wildragouts zum Beispiel. Hingegen können reife Rotweine wegen ihrer weicheren Tannin-Struktur sogar appetitanregend wirken.

Zu magerem Fisch schmeckt herber Weißwein (Chardonnay, Sauvignon blanc, Neuburger oder Weißburgunder). Je schwerer die Sauce, desto kräftiger sollte der Wein sein, Rotwein kann man wählen, wenn die Sauce mit einem solchen verfeinert wurde. Fetter Fisch verlangt robuste Weiß- oder leichte, fruchtbetonte Rotweine (St. Laurent oder Zweigelt), Räucherfisch trockene, gehaltvolle Weißweine (Zierfandler, Grüner Veltliner oder Neuburger).

Zu Fleisch sind gut gereifte Rotweine, etwa aus dem Burgenland, eine gute Wahl.

Auch für Käse gilt: Je milder der Käse, desto leichter Wein, Je würziger, desto kräftiger der Wein. Die breite Rebsortenvielfalt, die verschiede-

nen Süßigkeitsgrade und die Geschmacksnoten der österreichischen Weißweine im Spätlese- und Auslesebereich ermöglichen einen großen Spielraum für Kombinationen. Je nach Restzucker sind diese Weine ebenso gute Begleiter zu süßen Nachspeisen oder Früchten.

Wein und Zigarren gemeinsam genießen? Eigentlich kein Thema - abgesehen von der Kombination zwischen Zigarren und Port sowie anderen süßen Weinen. Aber ein österreichischer Rotwein paßt auch. Die besten österreichischen Rotweine haben den Vorteil, daß sie fruchtiger und weniger tanninlastig sind als die französischen und damit kaum Bitterstoffe enthalten, die der Harmonie einer Zigarre entgegenstehen. Als Sorten bieten sich Zweigelt, St. Laurent, Blaufränkisch und fruchtbetonte Cuvées an.

SÜDBURGENLAND

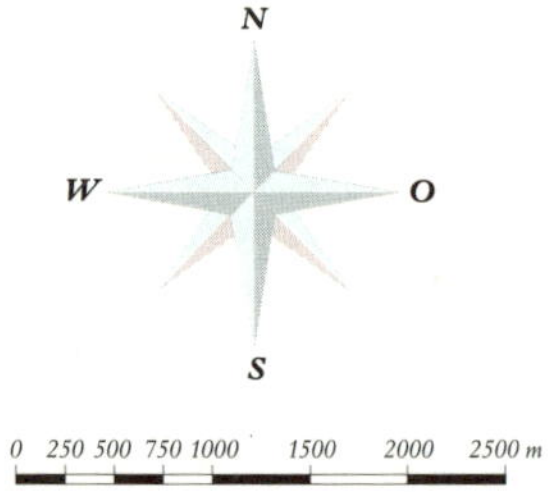

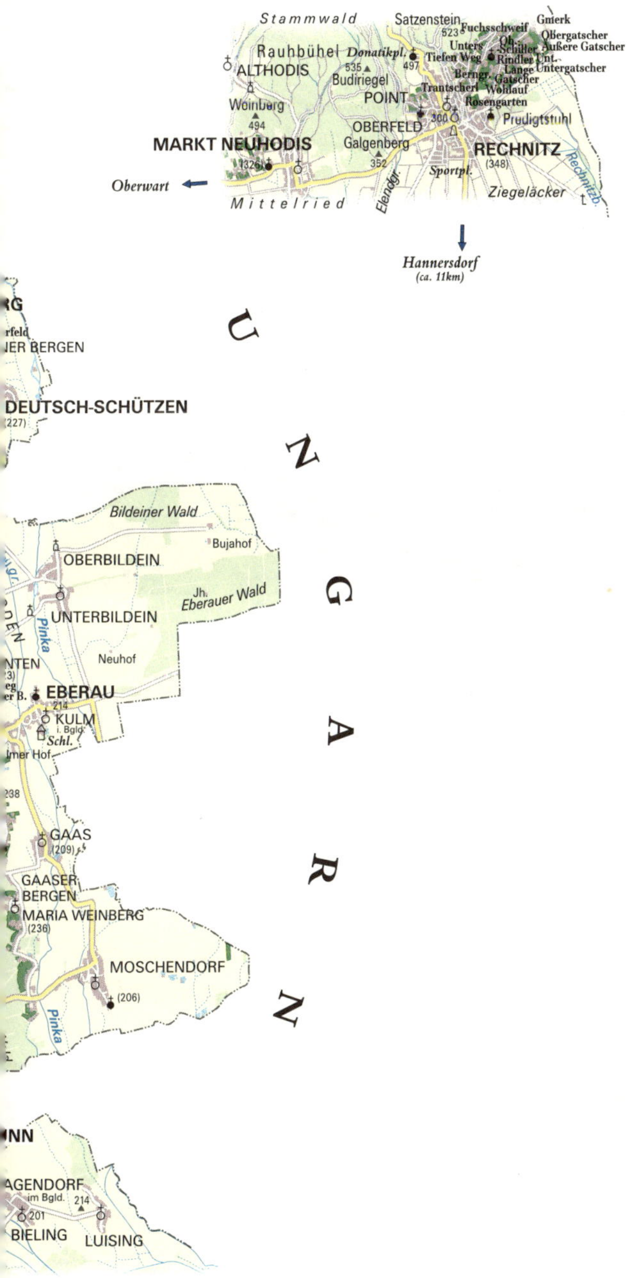

Stammwald
Satzenstein
523
Fuchsschweif
Gmerk
Obergatscher
Ob. Schiller
Äußere Gatscher
Unters
Tiefen Weg
Rindler
Unt.
Untergatscher
Lange Gatscher
Rauhbühel
Donatikpl.
497
535
Budiriegel
ALTHODIS
Woinberg
494
Berngr.
Trantscherl
Wohlauf
Rosengarten
POINT
300
Predigtstuhl
OBERFELD
Galgenberg
352
MARKT NEUHODIS
(326)
RECHNITZ
(348)
Sportpl.
Rechnitzb.
Oberwart
Mittelried
Elendgr.
Ziegeläcker
Hannersdorf
(ca. 11km)
U
N
G
A
R
N
DEUTSCH-SCHÜTZEN
(227)
Bildeiner Wald
Bujahof
OBERBILDEIN
Jh.
Eberauer Wald
UNTERBILDEIN
Pinka
Neuhof
EBERAU
214
KULM
i. Bgld.
Schl.
GAAS
(209)
GAASER BERGEN
MARIA WEINBERG
(236)
MOSCHENDORF
(206)
Pinka
im Bgld.
214
201
BIELING
LUISING

Südburgenland - das ist Geborgenheit und überschaubare Landschaft, die zum Bleiben einlädt. Die Weingärten befinden sich hauptsächlich im Osten des Landes. Das Weinmuseum Moschendorf und das Kellerviertel Heiligenbrunn sind die Anziehungspunkte für Weinreisende.

Das mindestens seit Ende des zweiten Jahrtausends vor Christi Geburt besiedelte Eisenberg wurde ursprünglich vor allem seiner Eisenvorkommen wegen geschätzt. Dennoch dürften die keltisch-illyrischen „Urbewohner" bereits damals Wein aus den dort wachsenden Wildreben gekeltert haben. Unter den Römern wurde der Weinbau jedenfalls intensiv betrieben - schließlich galt es, genügend Wein für die Bewohner der nahe gelegenen römischen Provinzhauptstadt Savaria zu liefern.

Nach dem Einfall der Magyaren im 12. Jahrhundert widmeten sich die Güssinger Grafen, später vor allem aber Mönche des Zisterzienserordens der Rekultivierung des Weinbaus. In den darauffolgenden Jahrhunderten standen die Eisenberger Lagen nicht nur bei den Adeligen und Klöstern der näheren Umgebung hoch im Kurs. So sicherten sich neben den Herrschaften Burg, Schlaining und Pernau auch die steirischen Stifte Vorau und Pöllau sowie die steirischen Grenzburgen Anteile an dem berühmten Weinberg. Im 18. Jahrhundert schließlich umfaßten die Weingärten der bedeutenden ungarischen Magnatenfamilie Batthyány etwa ein Drittel der Gesamtfläche des Eisenbergs.

Das Südburgenland - mit rund 460 Hektar übrigens das kleinste aller offiziellen österreichischen Weinbaugebiete - ist eine sanfte Hügellandschaft, die im Osten, an der Grenze zu Ungarn, im Pinkatal in eine Ebene übergeht. Kreuz und quer breitet sich ein Netz von Wanderwegen, idyllischen Landstraßen, Wald- und Feldwegen über das Land aus. Hin und wieder erblickt man auch Reiter, die auf ihren Pferden Ausritte unternehmen. Der Begriff „Weinidylle“ für den Pinkaboden wurde nicht umsonst gewählt. Das Motto heißt „Wasser und Wein“. Ersteres steuern der Strembach und die Pinka bei, zweites die verstreuten Weingärten der kleinsten Weinbauregion des Burgenlandes.

In der fruchtbaren Ebene des Pinkatals nahe der ungarischen Grenze wird Ackerbau betrieben, Weinbau nur auf den Anhöhen, auf Hügeln, die sich großteils etwa hundert Meter über die Talniederungen erheben. Die durchschnittliche Weingartenfläche der Betriebe liegt bei 20 Ar; gemischte Landwirtschaft herrscht vor. Nur 15-20 Prozent der erzeugten Weine - etwas mehr als die Hälfte stammt von weißen Rebsorten - werden in Bouteillen gefüllt. Fast alle Winzer sind Nebenerwerbsweinbauern, und immer mehr Weingärten werden gerodet, besonders in den steileren Lagen, die mühsam zu bearbeiten sind.

Rechnitz

Ausgangspunkt unserer Weinreise durch das Südburgenland ist Rechnitz, das 1260 erstmals urkundlich erwähnt wurde und mit 110 Hektar Weingärten die flächenmäßig größte Weinbaugemeinde des südlichen Burgenlandes ist. Rechnitz liegt am Südabfall des Günser Gebirges, dessen Gipfel, der Geschriebenstein, mit 884 Metern übrigens die höchste Erhebung des gesamten Burgenlandes ist. An diesem Ausläufer der kristallin-paläozoischen Scholle der Zentralalpen findet man tiefgründige, tonige Lehmböden, in den Hanglagen Verwitterungsböden mit blauem Tonschiefer. Am Ortseingang befindet sich die älteste Baumpresse des Burgenlandes aus dem Jahr 1677. Von hier führt die Pinkataler Weinstraße entlang der ungarischen Grenze in südlicher Richtung über Eisenberg und Deutsch-Schützen bis nach Güssing. Rechnitz erreicht man von Wien aus über die S 31 bis Neutal, anschließend über die B 50 bis nach Lockenhaus. Hier muß man sich entscheiden, ob man über den Geschriebenstein (B 56) oder über Bernstein (B 50) und dann bei Mariasdorf Richtung Stadtschlaining abbiegend weiterfährt. Eine andere Möglichkeit ist über die A 2 bis zur Ausfahrt Pinkafeld und anschließend über Oberwart und Stadtschlaining nach Rechnitz.

Am Fuße des Geschriebensteins findet der Aktivurlauber ein attraktives Erholungsgebiet vor. Im Frühling prägt die Blüte der zahlreichen Obstbäume die hügelige Landschaft.

Verschiedene Lehrpfade im grenzüberschreitenden Naturpark Geschriebenstein-Irottkö, wie der Jagd- und Weinlehrpfad, erweitern das touristische Angebot. In Markt Neuhodis ist eine renovierte Wassermühle zu bewundern.
Weißweine spielen in diesem Landstrich, vor allem in Rechnitz, wo die Weinidylle ihren Ausgang nimmt, eine dominierende Rolle. In der geschmackvoll ausgestatteten Ortsvinothek Reichermühle lassen sich die Weine verkosten.

Unterkunft und Essen

Nahe Pinkafeld gibt es in Bad Tatzmannsdorf zwei Nobeladressen der Steigenberger-Gruppe. Eingebettet in der südburgenländischen Hügellandschaft, präsentiert sich die Steigenberger Erlebniswelt: Golf, Tennis, reiten, wandern, radfahren, essen, Weine ...

Hotel Steigenberger
Am Golfplatz 1
7431 Bad Tatzmannsdorf
Telefon: 03353/88 41-0
Fax: 03353/88 41-55
www.steigenberger.at

Steigenberger Avance
(All inclusive)
Am Golfplatz 4
7431 Bad Tatzmannsdorf
Telefon: 03353/88 55-0
www.steigenberger.at

Information und Tips

Gemeindeamt Rechnitz
Hauptplatz 10
7471 Rechnitz
Telefon: 03363/7 92 02
Fax: 03363/7 75 41-22

Naturparkinformationsbüro
Bahnhofstraße 2a
7471 Rechnitz
Telefon: 03363/7 91 43
Fax: 03363/7 91 83
www.multimediateam.at/team/naturpark

Naturpark Geschriebenstein
Hauptstraße 13
7442 Lockenhaus
Telefon: 02616/28 00
Fax: 02616/2 19 22
E-Mail: geschriebenstein@netway.at

Vinothek Reichermühle
Flaudigasse 6
7471 Rechnitz
Telefon: 03363/79 750
oder 7 92 02
Geöffnet von Mai bis Oktober

Südburgenland-Info
Waldmüllergasse 2-4
7400 Oberwart
Telefon: 03352/3 44 66-0
Fax: 03352/3 44 66-20
sued@burgenland-tourism.co.at
Geöffnet von Mai bis Oktober

Burgenland Tourismus
Schloß Esterházy
7000 Eisenstadt
Telefon: 02682/6 33 84-0
Fax: 02682/6 33 84-32
info@burgenland-tourism.co.at
www.burgenland.at/tourismus
www.tiscover.com/burgenland

Naturpark Weinidylle
Naturparkinformation
Gemeindeamt Strem
03324/72 04 oder 0664/5 31 15 22

Information Wassermühle
Hubert Reschl
Telefon: 0664/5 05 78 79
Fax: 03363/7 70 10

Radwandern

Der Radwanderweg Weinidylle, „R 56“, führt hauptsächlich durch die idyllischen Weingärten entlang der alten Pinkataler Weinstraße.
60 von insgesamt 120 km dieses grenzüberschreitenden Projekts, das unter dem Motto „Wein, Kultur und Natur“ läuft, sind in Österreich angelegt.
Der Weg verläuft von Nord nach Süd, immer an der nahen ungarischen Grenze entlang.
Am Beginn der Weinidylle steht Rechnitz mit seinen Buschenschenken, der Nostalgiebahn nach Oberschützen und dem Stiefelmachermuseum.
Viele Winzer betreiben auch Ackerbau und Viehzucht, was sich bei den gereichten regionalen Schmankerln angenehm bemerkbar macht.

Eisenberg

Nach Burg, das zwölf Kilometer südlich von Rechnitz liegt, teilt sich die Weinstraße in zwei Arme, deren einer nach Kohfidisch im Südwesten, der andere nach Eisenberg im Süden führt. Der Eisenberg im gleichnamigen Ortsteil von Deutsch-Schützen ist eine paläozoische Grundgebirgsklippe von 415 m Höhe und wird aufgrund der zahlreichen vorrömischen Eisenschmelzen so bezeichnet. Zentrum des Qualitätsweinbaus sind die Süd- und Osthänge des Eisenbergs. Dieser schützt auch gegen Westen und Norden vor kühler Witterung und bedingt das günstige Kleinklima einer muschelförmigen Landschaft, die nur nach Südosten in die pannonische Tiefebene hin

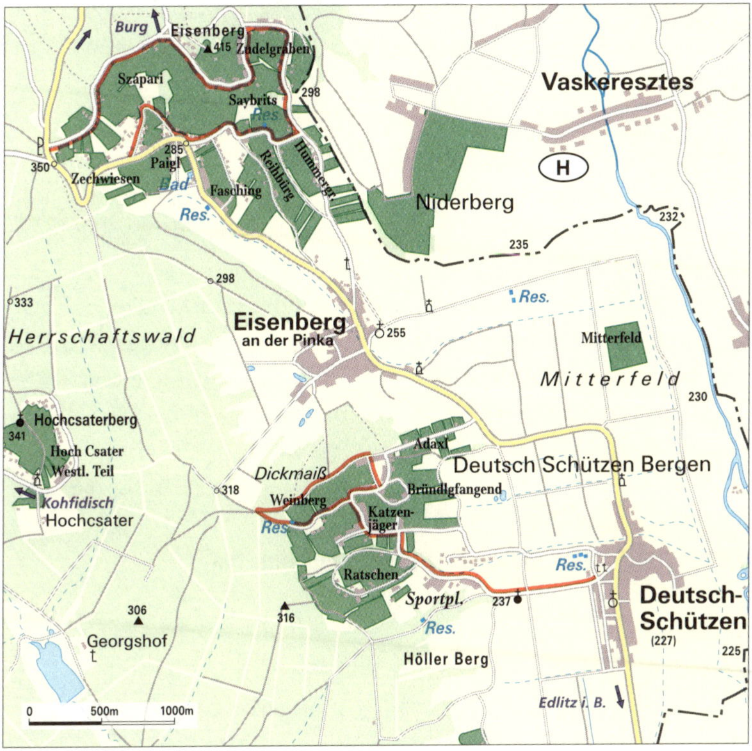

Weingärten an der Grenze zu Ungarn

geöffnet ist. Die Umgebung wird von trockenen, warmen Sommern und langen, warmen Herbsten geprägt. Die Wälder begünstigen die Abkühlung in der Nacht und dadurch Frucht und Aromabildung (bessere und höhere Säure) in den Weinen.
Sie erreichen den Eisenberg, wenn Sie von der Hauptstraße, der B 56, beim Hinweisschild „Vinothek Vinum Ferreum" abbiegen. Für Radfahrer ist diese Strecke eine Herausforderung. Dafür erwarten Sie mehrere Buschenschenken mit einem wunderschönen Ausblick in die Landschaft. Der Eisenberg liegt fast genau im Zentrum des treffend als „Weinidylle" bezeichneten Weinbaugebietes Südburgenland.

Information und Tips

Tourismusinformation
Telefon: 03365/26 66

Gemeindeamt
Nr. 76
7474 Deutsch-Schützen - Eisenberg
Telefon: 03365/22 25
Fax: 03365/22 25-4

Deutsch-Schützen

Seit 1971 bilden Deutsch-Schützen und Eisenberg eine Gemeinde. Deutsch-Schützen liegt etwa zwei Kilometer südöstlich von Eisenberg in einer der schönsten Landschaften des Südburgenlandes - und doch nur wenigen bekannt, nahezu nur Eingeweihten -, im fruchtbaren Tal der Pinka, die sich um die mächtige Erhebung des Eisenbergs windet und dann in südlicher Richtung, dreimal die ungarische Grenze überschreitend, bei Luising endgültig das österreichische Staatsgebiet verläßt. Im Talgrund werden meist Getreide und Kukuruz (Mais) angebaut, die sanften Hügel, meist Anhöhen, die sich kaum hundert Meter über die Niederungen erheben, sind hingegen dem Wein vorbehalten. Hier befinden sich wunderschöne, zum Teil ehemalige Preßhäuser, deren Giebel mit Holzschnitzerei verziert sind, verstreut in der weiten Landschaft. Vor allem der Blick vom Tscharterberg (Csaterberg) in der Nähe von Kohfidisch bietet eine phantastische Weitsicht.

Im Weingebirg

In einer Aufzeichnung aus dem Jahr 1221 wurde die Siedlung Deutsch-Schützen „Perwolff" genannt. Die Rotweine weisen einen starken Mineralton (u. a. Eisen) und eine kräftige Farbe (Eisen-Alkohol-Komplex) auf. Weiters typisch im Geschmacksbild ist die rote Ribisel. Die Hauptsorte bei den Roten ist Blaufränkisch mit 80 Prozent; der Anteil an Cabernet Sauvignon steigt. Touristischer Mittelpunkt ist der „Weinberg", den man vom Zentrum der Ortschaft auf einem ausgeschilderten Weg erreicht.

Winzer und Heurige

Hermann und Martha Krutzler
7474 Deutsch-Schützen
Hauptstraße 84
Telefon u. Fax: 03365/22 42
oder 22 55
Fax: 03365/2 00 13
E-Mail: weingut@krutzler.com
www.krutzler.com
Der Betrieb der Familie Krutzler ist eine gemischte Landwirtschaft mit einer Schweinezucht und insgesamt 40 Hektar Nutzungsfläche. Was den Weinbau betrifft, gilt er derzeit als einer der innovativsten und besten auf dem Rotweinsektor in Österreich, speziell was die Vergärungstechnologie und den Cuvéeausbau betrifft. Maßgeblich daran beteiligt sind zwei der drei Söhne, Erich und Reinhold, die sich neben den Eltern intensiv um Reben und Keller kümmern.
Neue Kellertechnologien, wie die Verwendung von Barriques und bewußter biologischer Säureabbau, werden seit 1986 praktiziert. Ein kleiner Teil der Weine wird seit 1990 möglichst spät und schonend filtriert. Zweigelt und Blaufränkisch werden reinsortig ausgebaut, die komplexe und ihre österreichische Herkunft nicht leugnende Cuvée „Perwolff" ist aus Blaufränkisch mit etwa 10 bis 15 Prozent Cabernet Sauvignon verschnitten. Vor 1992 hieß der Wein einfach „Blaufränkisch Cuvée".
Die Krutzlerschen Rotweine, vor allem Blaufränkisch und die Cuvées, brauchen, besonders wenn sie noch jung sind, im Glas viel Zeit und Sauerstoff, um sich ganz entfalten zu können. Sie erinnern mit ihrem etwas herben, mineralischen

Charakter ein wenig an Weine von der Hermitage und aus Südwestfrankreich.

Weingut Schützenhof
Familie Körper-Faulhammer
7474 Deutsch-Schützen
Weinberg 159
Telefon: 03365/22 03
oder 0664/5 00 23 19
Fax: 03365/22 03-85
In acht Hektar Weingärten gedeihen für die Bereitung von Weißweinen Welschriesling, Grüner Veltliner, Riesling und Chardonnay, für die interessanten Rotweine Blaufränkisch („Senior"), Zweigelt, und für die Schützenhof-Cuvée („Katsellan") Merlot, den Felix Körper senior bereits 1958 auspflanzte, und Cabernet Sauvignon. Ein Hobby von Walter Faulhammer ist die Vinifizierung von Süßweinen nach Vorbild des „Vin santo" aus der Toskana.

Weinbau Uwe Schiefer
7503 Welgersdorf 3
Telefon u. Fax: 03362/24 64
Dieser innovative, junge Betrieb ist zwar klein, aber fein. Vor allem die Rotweine können überzeugen, die in Holzfässern aus slowenischer Eiche reifen. Der Blaufränkisch „Szapary" ist ein traditionell ausgebauter Blaufränkisch, der Blaufränkisch „Reihburg" eine Cuvée aus 90 Prozent Blaufränkisch, Zweigelt und St. Laurent, vinifiziert in neuen Barriques.

Weingut Wachter & Wiesler - Arkadenhof
7474 Deutsch-Schützen 26 und 91
Telefon u. Fax: 03365/22 45
oder 22 19
Franz Wachter übernahm mit seiner Frau Resi 1990 den elterlichen Betrieb. Beim schön gelegenen Heurigen werden Produkte aus eigener Landwirtschaft zu den Weinen serviert, von denen besonders die Blaufränkisch zu erwähnen sind; mit dieser Sorte sind mehr als die Hälfte der 3,5 Hektar Weingärten bepflanzt. Eine Rarität ist der Strohwein aus Goldburger, einer weißen Sorte, gezüchtet aus Welschriesling und der Orangetraube.

Unterkunft und Essen

Viele schmucke Privatquartiere, die in den ehemaligen Kellerstöckln (Preßhäuser) untergebracht wurden, sind besonders zu empfehlen.

Schützenhof
Familie Körper-Faulhammer
Frühstückspension mit komfortablen Doppelzimmer, s. u. Winzer S. 157

Hotel-Restaurant Krutzler
7522 Heiligenbrunn 16
Telefon: 03324/72 40
Fax: 03324/72 55
E-Mail: post@hotel-krutzler.at
www.tiscover.com/krutzler
www.hotel-krutzler.at
Ein ganzjährig geöffneter Betrieb mit 29 modernen Komfortzimmern, 8 rustikalen Appartements, mehreren Gaststuben, Terrasse und sehr guter Weinkultur. Weiters ein Schwimmbad, Tennisplatz, Fahrräder und Pferdeeinstellplätze.
Die erste Adresse im Südburgenland, zehn Kilometer südöstlich von Güssing gelegen.

Buschenschank & Weingut Wachter - Arkadenhof s. u. Winzer S. 157

Information und Tips

Gemeindeamt
7474 Deutsch-Schützen - Eisenberg, Nr. 76
Telefon: 03365/22 25
Fax: 03365/22 25-4

Südburgenland-Info
Waldmüllergasse 2-4
7400 Oberwart
Telefon: 03352/3 44 66-0
Fax: 03352/3 44 66-20
sued@burgenland-tourism.co.at

Weinidylle Südburgenland
Stremtalstraße 19
7540 Güssing
Telefon: 03322/4 22 88
Fax: 03322/4 22 88-35

Vinothek Vinum Ferreum
Weinberg 211
7474 Eisenberg
Telefon u. Fax: 03365/24 39
oder 0664/4 50 79 21
E-Mail: vinothek@vinum-ferreum.at
www.vinum-ferreum.at
Eine neue Vinothek mit modernem Interieur und schönem Ausblick in die Weingärten. Gutes regionales Weinangebot.
Öffnungszeiten: Mittwoch bis Sonntag

Gemeindeamt Kohfidisch
Obere Hauptstraße 4
7512 Kohfidisch
Telefon: 03366/7 72 03

Naturpark Raab-Örség-Goricko
Naturpark-Infobüro
Eisenstädter Straße 11
8380 Jennersdorf
Telefon: 03329/4 84 53
Fax: 03329/4 84 53-21
E-Mail: naturparkraab@aon.at
Im südlichsten Winkel des Burgenlandes, zwischen der Lafnitz im Norden und dem Stadelberg an der slowenischen Grenze im Süden, liegt der Naturpark Raab, der österreichische Teil des trilateralen Naturparks.

Naturpark Raab-Örség-Goricko
Gemeindeamt Mogersdorf
8382 Mogersdorf Nr. 2
Telefon: 03325/82 00
Fax: 03325/87 66

Naturpark in der Weinidylle
Gemeindeamt Strem
Lindenstraße 1
7522 Strem
Telefon: 03324/72 04

Vom Uhudler

In der Nähe der ungarischen Grenze, zwölf Kilometer südöstlich von Güssing, liegt Heiligenbrunn, wo überwiegend weiße Sorten ausgepflanzt sind, aber auch einige Direktträger oder „Amerikanerreben". Aus diesen Rebsorten wird Uhudler gekeltert, ein Wein, der - außer bei einigen leidenschaftlichen Verehrern - bis vor kurzem nicht gerade den besten Ruf genoß und auch nicht verkauft werden durfte. Als um die Jahrhundertwende zum 20. Jahrhundert die Reblaus die Weingärten Europas vernichtete, wurde aus dem Bundesstaat Delaware, USA, eine resistente Weinrebe importiert. Diese nicht veredelten Reben waren lange als „Delawarer" bekannt. Die roten Sorten nennen sich Ripatella, Othello, die weißen Noah, Concordia, Elvira.

Uhudlertraube

Lange Zeit war der Uhudler verboten (seit 1936), da er einen zu hohen Anteil an Methylalkohol aufwies. Seit 1995 ist er zugelassen, aber nur hier in einem begrenzten Anbaugebiet (15 Hektar). Daß Uhudler blind und unfruchtbar macht, ist nichts als ein Gerücht. Gewöhnungsbedürftig ist er halt, ganz wie der Schilcher aus der Weststeiermark.

Die Kelten besiedelten 5.000 v. Chr. den Ort, und ein „heiliger Brunnen" war einst das Ziel von Wallfahrten. Heute

pilgern die Gäste in das Kellerviertel, das seit 1969 unter Landschaftsschutz steht und oberhalb des Dorfes liegt. Das Heiligenbrunner Kellerviertel mit seinen strohgedeckten Häusern ist eine Rarität der Extraklasse und einen Besuch ebenso wert wie das Freilicht-Weinmuseum im Nachbarort Moschendorf, das im Winter geschlossen ist, wo das Leben und die Arbeit der Weinbauern um 1900 dokumentiert sind. In 17 Gebäuden aus dem 17. bis 19. Jahrhundert kann man Möbel, landwirtschaftliche Geräte sowie Winzerutensilien besichtigen.
60 der besten Weine aus der Region kann man in der „Vinothek Südburgenland“ verkosten, in einem Weinkeller aus dem Jahr 1905 befindet sich hingegen die „Uhudler-Vinothek“, wo man gelblich-rosafarbige Weine kaufen kann. Regionstypisch ist das Abfüllen in „Plutzer“, in urtümlich wirkende, bauchige Gefäße aus Ton.

Information und Tips

Tourismusverband Heiligenbrunn
7522 Heiligenbrunn 33
Telefon: 03324/72 81
Fax: 03324/81 80
www.opel-wiener.at/uhudler/pfad.htm

Gemeindeamt Moschendorf
7540 Moschendorf Nr. 95
Telefon: 03324/65 21
Fax: 03324/79 99

Kulturverein-Moschendorf Weinmuseum
7540 Moschendorf ohne Nr.
Telefon: 03324/63 17
Freilichtmuseum, daneben Vinothek Südburgenland und Uhudler-Vinothek

Gasthof und Gästezimmer
Helga Noe
7540 Moschendorf Nr. 100
Telefon: 03324/75 39

Kellerviertel Heiligenbrunn
7522 Heiligenbrunn
Telefon: 03324/72 81
Mit Stroh gedeckte Weinkeller laden zum Flanieren durch das Kellerviertel ein.
Ganzjährig zugänglich. Führungen nach Voranmeldung.

Tür zu einem Winzerhaus

Burg Güssing

7540 Güssing

Telefon: 03322/4 23 11

Liegt auf einem steilen Vulkankegel; Burgmuseum.

Burg Schlaining

Rochusplatz 1

7461 Stadtschlaining

Telefon: 03355/23 06

Museum, Seminarzentrum, Friedensuniversität.

Ein Jahr im Weingarten

Januar

Rebschnitt: Zurückschneiden des einjährigen Holzes auf die gewünschte Form des Rebstocks; früher begann der Rebschnitt am St.-Vinzenz-Tag oder 22. Januar, heute beginnt man schon früher.
22. Januar: Zu Vinzenzi Sonnenschein bringt viel Korn und Wein.

Februar

Rebschnitt; Beseitigung des abgeschnittenen Rebholzes durch Verbrennen oder Einbringen in den Weinbergsboden durch Kompostieren des zerkleinerten Rebholzes; Pfropfreiser zur Veredelung schneiden; Edeltriebe auf Wurzelreben aufpfropfen.
2. Februar: Ist's an Lichtmeß hell und rein, wird ein langer Winter sein; wenn es stürmt und schneit, ist der Frühling nicht mehr weit.

März

Weingartenneuanlage; Beginn der Vegetationszeit und damit Abschluß des Rebschnitts vor dem Schwellen der Knospen; Mitte März ist die Ruhezeit der Reben zu Ende, der Saft beginnt zu steigen. Pflügen.
19. März: Ein schöner Josefstag bringt ein gutes Jahr.

April

Bodenpflege (wie Frühjahrsbegrünung), beginnende Stockarbeiten.
24. April: Ist zu Georg das Korn so hoch, daß sich ein

Rabe darin verstecken kann, so gibt es ein gutes Getreidejahr. Sind die Reben um Georg noch blind, so erfreu'n sich Mann und Kind (das heißt: eventuelle Spätfröste können die Rebe nicht schädigen).

Mai

Rebschutz, Laubarbeiten (wie Entfernen überzähliger Triebe).
Am 1. Mai soll sich eine Krähe im Roggen verstecken können.
12.-14. Mai: „Eisheilige“: Pankratius, Servatius, Bonifatius.
15. Mai: Tag der „kalten Sopherl“. Nach Mitte Mai ist die Gefahr der Spätfröste üblicherweise vorbei.
25. Mai: Urbanus-Tag. Gemeint ist Urban I. Übersetzt bedeutet Urban „Städter“. Er gilt als Patron der Winzer und des Weines, weil im Mittelalter St. Urban das erste größere Fest nach den Eismännern war. Zu Urbani wußte man, ob die Weinstöcke durch Frost Schäden erlitten hatten oder nicht. Dargestellt wird der heilige Urban mit einer Weintraube in der Hand oder einem Buch und Schwert. Dieser Tag gilt noch heute als bäuerlicher Lostag.

Juni

Der Weingarten blüht ,und ein feiner Duft breitet sich aus. „Wenn der Weinberg blüht, das Herz des Winzers glüht“ (altes Sprichwort). Die Rebenblüte besteht aus Einzelblüten, die zu zarten Blütenständen vereinigt sind, den sogenannten Gescheinen. Bei ungünstigem Wetter - zu kühl (unter 15 Grad) oder kühl und feucht zugleich - oder Nährstoffmangel können einige Blüten der Gescheine nicht befruchtet werden. Der Winzer bezeichnet dies als Verrieseln oder Abrieseln der Blüte. Dies hat keinen Einfluß auf die Qualität, sondern verringert nur die Quantität. Wenn bis zum 24. Juni („Johanni“) die Rebenblüte abgeschlossen ist, so läßt sich auf ein gutes Jahr hoffen. Die Gescheine stehen noch aufrecht und senken sich erst später durch das Gewicht der Trauben. Nach Beendigung der Blüte wird der Traubenansatz durch „Ausdünnen“ reguliert. Bodenpflege, Rebschutz, Laubarbeiten (wie Entfernen der stark wachsenden Sommertriebe).

24. Juni: Vor Johann bet' um Regen, nachher kommt er ungelegen.
29. Juni: St. Paulus hell und klar, bringt ein gutes Jahr.

Klassisches Winzerhaus in Moschendorf

Juli
Laubarbeiten („Wipfeln" - Abschneiden der obersten Triebe), Bodenpflege.
25. Juli: Jakobi ohne Regen deutet auf strengen Winter - drei Tage vorher Regen läßt eine schlechte Kornernte befürchten.

August
Bodenpflege, Rebschutz, Laubarbeiten (Traubenzonen „freimachen", um somit eine direkte Sonnenbestrahlung der Trauben zu erreichen), eventuell nochmaliges Ausdünnen. Je nach Sitte und Gebrauch werden die Weinberge „geschlossen"; Starenabwehr - jährlich ein Schaden von circa 1,45 Millionen €, vor allem im Burgenland. Vorbereitung der Keller und Gerätschaften wie Fässer für Ernte, Maische, Pressen und Gärung.
10. und 24. August: Ist's zu Laurenzi und Bartholomä schön und heiter, so wird ein schöner Herbst folgen.
15. August: Mariä Himmelfahrt klarer Sonnenschein bringt meistens viel und guten Wein.

September
Traubenlese der Frühsorten, Vorlese bei starker Fäulnis der Trauben, Beginn der Hauptlese. Voraussetzungen für eine gute Weinlese sind: gesunder Traubenbehang; intaktes, das heißt noch grünes Laub am Rebstock; zufriedenstellendes Mostgewicht, das heißt ausreichender Zuckergehalt in der Beere, um bestimmte Qualitätsstufen der Weine später erreichen zu können, weiters physiologische Reife, Säuregehalt und guter pH-Wert - wegen optimaler Vergärung; typischer Altweibersommer oder ruhiges Spätherbstwetter ohne Nachtfröste und ohne reichliche Niederschläge. In guten Jahren sind die Anteile der Wein- und Apfelsäure etwa gleich, während in weniger günstigen Jahren die aggressive Apfelsäure überwiegt.
1. September: Wie das Wetter am Ägiditag, bleibt's den ganzen Monat.

Auch die Biker fühlen sich wohl

Oktober

Traubenlese (Haupt-, Spät- und Auslese), Bodenpflege. Auch bei der Art der Weinbereitung, der Kellertechnik, zeigt sich die individuelle Einstellung und die persönliche Beziehung, die der Winzer zur Weinherstellung hat.

21. Oktober: Wie der Ursula-Tag anfängt, soll der Winter beschaffen sein.

November

Traubenlese (Spät-, Aus-, Beeren- und Trockenbeerenauslesen, Ausbruch); Bodenpflege - nach Abschluß der Lese Bodenlockerung, Erde um den Fuß der Rebe anhäufen.

11. November: Wolken am Martini-Tag, der Winter unbeständig werden mag.
Der „Heurige“ darf ausgeschenkt werden.

Dezember

Traubenlese (bei Frost von mindestens -7 Grad Celsius Eiswein), Bodenpflege.
24. Dezember: Wie die Witterung zu Adam und Eva, pflegt sie bis Ende des Monats zu sein.
27. Dezember: „Hans-Tag“, wie er in der Steiermark im Volksmund heißt: der neue Wein wird vorgestellt. Weiters werden einige Flaschen abgefüllt, die dann bei der heiligen Messe am Hochaltar stehen. Bei den Meßfeierlichkeiten zu Ehren des heiligen Johannes, des Evangelisten, wird der Wein geweiht. Der heilige Johannes, zusammen mit dem heiligen Urbanus ein Schutzpatron des Weines, war der Lieblingsjünger Jesu und sehr der Rebe und dem Wein verbunden. Er hatte aber auch viele Feinde, welche ihm nach dem Leben trachteten. So setzte man ihm einen Kelch mit vergiftetem Wein vor. Der heilige Johannes aber segnete den Wein, und das Gift entfloh dem Wein in Form einer Schlange. Deshalb die sinnbildliche Darstellung einer Schlange am Fußende des heiligen Johannes. So ist mit der Segnung des Weines an diesem Tag bis heute der Glaube verbunden, daß dann der Wein von allem Unheil und Frevel verschont bleibt.

Information und Tips

Über das Burgenland liegt umfassendes Informationsmaterial vor – Prospekte zu kulturellen Veranstaltungen, Hotels, Thermen, Heurigen, Radtouren und Wanderwegen.
Anschließend finden Sie zu den verschiedenen Touristenregionen Anlaufstellen, die Ihnen gerne Unterlagen zusenden und auch telefonisch Auskunft erteilen. (Vorwahl für Österreich aus Deutschland und aus der Schweiz: 0043, dann ohne Null weiterwählen.) Zu den einzelnen Orten finden Sie unter „Information und Tips" Ansprechpartner vor Ort. Weiters sind viele Informationen über das Internet abrufbar.

Burgenland (sowie auch zu einzelnen Regionen)

Burgenland Tourismus
Schloß Esterházy
Telefon: 02682/6 33 84-0
Fax: 02682/6 33 84-32
E-Mail: info@burgenland-tourism.co.at
www.burgenland.at/tourismus
www.tiscover.com/burgenland

Viele der im Buch genannten Winzer haben bereits eine eigene Homepage und auch E-Mail-Adresse. Diese finden Sie unter Eingabe von Winzer, Weinhauer oder dem betreffenden Namen sowie über Links der oben angegebenen Internet-Adressen.
Um Verwechslungen vorzubeugen, weisen wir darauf hin, daß die offiziellen Weinbaugebiete und Ferienregionen nicht übereinstimmen.
Über Wein generell bzw. über die einzelnen Winzer finden Sie unter *www.austrian-wines.com* oder *www.austria.wine.co.at* hervorragende Informationen wie Adressenangabe, Homepages und E-Mail-Adressen.
Für kurzfristige Heurigenbesuche steht im Internet der Heurigenkalender zur Verfügung: *www.heurigenkalender.at*

Neusiedler See

Neusiedler See Tourismus
Peter-Floridan-Gasse 4
7100 Neusiedl am See
Telefon: 02167/86 00
Fax: 02167/86 00-20
E-Mail: info@neusiedlersee.com
www.tiscover.com/burgenland

Neusiedler See-Hügelland

Burgenland Tourismus
Schloß Esterházy
Telefon: 02682/6 33 84-0
Fax: 02682/6 33 84-32
E-Mail: info@burgenland-tourism.co.at
www.burgenland.at/tourismus
www.tiscover.com/burgenland

Rosalia
Brunnenplatz 4
7210 Mattersburg
Telefon: 02626/6 34 67
Fax: 02626/6 34 67
E-Mail: rosalia-tourism@bnet.at
www.tiscover.com/burgenland

Mittelburgenland

Sonnenland Mittelburgenland
Thermengelände 1
7361 Lutzmannsburg
Telefon: 02615/8 71 71-210
Fax: 02615/8 79 47
E-Mail: info@sonnenland.at
www.tiscover.com/burgenland

Südburgenland

Region Südburgenland
Waldmüllergasse 2–4
7400 Oberwart
Telefon: 03352/3 44 66-0
Fax: 03352/3 44 66-20
E-Mail: sued@burgenland-tourism.co.at
www.tiscover.com/burgenland

Der Autor

Wolfgang Dähnhard, geboren 1951, ist Verfasser von Wein- und Gourmet-Berichten für Fachmagazine sowie mehrerer Bücher und ständiger Weinkolumnist der Tageszeitung „Die Presse".
Der gebürtige Hamburger lebt in Wien.

ALMANACH STEIERMARK
80 ausgewählte Almen mit Wanderrouten
Redaktion: Luise und Günter Auferbauer
ca. 108 Seiten, ca. 100 Farbfotos und Kartenausschnitte, franz. Brosch.
ISBN 3-85214-754-9

MOSTSTRASSE
So schmeckt das Leben
132 Seiten, 20 Karten,
102 Farbfotos, brosch.
ISBN 3-85326-186-8

NP BUCHVERLAG